职业教育会计专业课程改革创新教材

U0793231

财税一体化综合实训指导教程

主　编　严　珮

副主编　刘　颖　靳　囡

参　编　吴　桐　魏春妙　张　樱

机械工业出版社

随着我国经济的高速发展，财会类专业人才的技术性、应用性、综合性引起企业越来越多的重视。本书注重实践性，强调实用性和职业性，遵循“教、学、练、考”一体化的目标，构建基于职业能力本位的、切实有效的综合实训教学体系，以培养社会需要的人才。本书采用最新的财税政策，突出新颖性与实用性；采用社会上广泛使用的最新票据，突出仿真性；以业务种类为纲，整合企业业务。本书的综合实训模拟两家企业从筹建到经营的真实业务，精心挑选案例的每一笔业务，以最简洁的案例，体现最全面的知识点。本书业务涉及面广，实训内容包括企业业务、商事业务、税务业务、银行业务、社保业务等，实训岗位有企业办事员、银行柜员、税务柜员、市监柜员以及会计、出纳、会计主管，全方位培养学生的综合能力。

本书可以作为职业院校会计专业的实训教学用书，适合有一定会计基础知识的学生使用，特别是作为综合实训课程的指导教材。

图书在版编目（CIP）数据

财税一体化综合实训指导教程/严珮主编．—北京：机械工业出版社，2021.6（2024.7重印）

职业教育会计专业课程改革创新教材

ISBN 978-7-111-68131-1

Ⅰ．①财… Ⅱ．①严… Ⅲ．①财税—中国—中等专业学校—教材 Ⅳ．①F812

中国版本图书馆CIP数据核字（2021）第081098号

机械工业出版社（北京市百万庄大街22号 邮政编码100037）

策划编辑：李 兴　责任编辑：李 兴 邢小兵

责任校对：张玉静　封面设计：马精明

责任印制：郜 敏

中煤（北京）印务有限公司印刷

2024年7月第1版第3次印刷

184mm×260mm · 11.5印张 · 288千字

标准书号：ISBN 978-7-111-68131-1

定价：35.00元

电话服务　网络服务

客服电话：010-88361066　机 工 官 网：www.cmpbook.com

010-88379833　机 工 官 博：weibo.com/cmp1952

010-68326294　金 书 网：www.golden-book.com

封底无防伪标均为盗版　机工教育服务网：www.cmpedu.com

Preface

前言

随着我国经济的高速发展，财会类专业人才的技术性、应用性引起企业越来越多的重视，以理论讲解为主的传统教学模式已经越来越不适应时代发展的要求。本书注重实践性，强调实用性和职业性，遵循“教、学、练、考”一体化的目标，构建基于职业能力本位的、切实有效的综合实训教学体系，以培养社会需要的人才。

通过财税一体化综合实训，学生可以掌握企业日常业务的处理、了解现行税收制度的基本规定，熟悉企业与税务部门往来业务中的关联业务，掌握增值税、消费税、企业所得税、个人所得税等税种的计算方法和纳税申报程序，掌握企业与银行、市场监督管理局及海关往来经济业务处理的基本知识与操作技能。以提升学生的综合能力，能较好适应实际工作中的岗位，做到毕业即上岗。

本书的主要特点如下：

1. 体现财务与税务相融合的理念

本书将企业经济业务进行归纳汇总，将财务知识进行拓展，注重税务与财务的整合，达到财税一体化的实训目标。

2. 采用最新的财税政策，贴近实际

书中的模拟企业广州市华美手表制造有限公司实训业务依据《企业会计准则》，广州市顺好商贸有限公司实训业务依据《小企业会计准则》和最新的财税政策进行编写，力争体现教材的新颖性与实用性；同时采用社会上广泛使用的最新票据，突出仿真性。

3. 以业务种类为纲，整合企业业务

本书模拟了两家企业从筹建到经营过程中发生的真实业务，精心挑选案例的每一笔典型业务，以最简洁的案例，体现最全面的能力点。

4. 业务涉及面广，全方位培养和提升学生的综合能力

本书业务涉及市场监督管理局、税务局、银行、人社局等实训单位以及会计、出纳、会计主管等实训岗位。

本书可以作为职业院校会计专业的实训教学用书，适合有一定会计基础知识的学生使用，特别是作为综合实训课程的指导教材。

本书由严珮担任主编，刘颖、靳囡担任副主编，参与编写的还有吴桐、魏春妙和张樱。

广州市福思特科技有限公司不仅对本书的编写进行了指导，还提供了丰富的素材资源，在此对广州市福思特科技有限公司的大力支持表示衷心的感谢！

选用本书作为教材的教师，可以通过机械工业出版社教育服务网（http：//www.cmpedu.com）或加入全国中职会计教师群（QQ群号：124688614）获取助教课件、教案、实训导学单等配套资源。

由于编者水平有限，书中难免有不当之处，敬请读者批评指正，以便再版时订正。

编　者

二维码索引

Contents

目录

前言

二维码索引

实训业务

实训说明

学习单元一
企业筹建实训指导

Contents

目录

学习单元二 企业经营实训指导

附录

Practical training business

实训业务

一、企业业务

1. 办理刻章
2. 租用厂房
3. 货币资金
4. 应收及预付款项
5. 存货
6. 固定资产及其他资产
7. 应付及预收款项
8. 所有者权益
9. 收入及费用
10. 应付职工薪酬
11. 产品成本核算
12. 涉税业务核算

二、商事业务

1. 名称自主申报
2. 企业设立登记

三、税务业务

1. 增值税一般纳税人资格登记
2. 新开企业税务报到

3. 开具增值税发票
4. 发票认证
5. 纳税申报

四、银行业务

1. 开立银行基本账户
2. 办理企业网银
3. 与银行签订扣税协议
4. 办理委托扣费业务
5. 提现备用业务
6. 网上付款业务
7. 银行转账业务
8. 现金存款业务
9. 购买支票（凭证）

五、商务部外经贸局业务

办理对外贸易经营者备案登记并领取对外贸易经营者备案登记表

六、外汇局业务

办理进口付汇备案并领取进口付汇备案表（提升训练）

七、社保业务

1. 参保登记——员工参保登记（人力资源和社会保障局）
2. 参保登记——缴费登记与险种核定（税务局）
3. 参保登记——签约手续（开户银行）

八、海关业务

1. 办理进出口货物收发货人报关注册登记
2. 报关员备案
3. 办理报关专用章海关备案
4. 办理及领取电子口岸IC卡

Practical training instructions

实训说明

一、分组说明

以60位学生一个实训班为例，每3位学生组成一个模拟企业，以“广州市华美手表制造有限公司+企业办事员学号”作为企业名称，模拟创办企业。如果一个班不能完整凑成3人一组，溢余学生自动归为最后一组。

（一）学习单元一——企业筹建期

筹建期每组3位学生，其中2位作为企业小组，另1位作为柜员小组。以一个班60位学生为例则有20位柜员，将20位柜员分别分配到市场监督管理局柜员、银行柜员、人力资源和社会保障局柜员、税务局柜员等各实体岗位中。如果一个班不能完整凑成3人一组：溢余1位学生则作为企业办事员，溢余2位学生则1位作为企业办事员、1位作为柜员。

（二）学习单元二——企业经营期

经营期每组3位学生，分别扮演出纳、会计、会计主管，并由出纳兼任银行柜员进行实训。若分组时出现溢余学生，则可由溢余学生扮演银行柜员。

二、角色说明

财税一体化综合实训实验室教学系统分为一人一岗或者一人多岗两种实训模式。学生可以不分岗位，直接通过切换角色的功能操作银行、税务局等岗位的相关业务，独自完成实训；也可以采取一人一岗的方式，按照角色安排表分开实训，例如扮演企业办事员的学生完成操作后，由扮演银行柜员的学生切换角色进行后续相关操作。

本教学实施方案的实训模式为一人一岗。为了让每位学生都可以参与实训，个别角色可能“身兼数职”，在实训时会说明每个人扮演的具体角色身份，没有说明的按照下面的角色安排表进行实训。

实训阶段	人员	小组角色	代号
筹建期	A同学（柜员组）	市场监督管理局、银行、商务局、人力资源和社会保障局、税务局、海关工作人员中的一个（各组A同学按实际分配不同的柜员角色）	A
	B同学	企业办事员	B
	C同学	企业办事员	C
经营期	A同学	会计主管	A
	B同学	企业会计	B
	C同学	企业出纳（银行柜员）	C

Learning module 1

学习单元一

企业筹建实训指导

企业筹建期实训说明

一、企业筹建情况

2019年9月，肖建军、刘明山、王大为三人讨论筹办一个高档手表制造和销售公司，经过协商一致决定10月开始筹办企业，投资人民币1 500万元注册有限责任公司，其中肖建军投资人民币750万元，刘明山投资人民币375万元，王大为投资人民币375万元，委托肖建军（身份证号码45031219620806××××，固定电话020-813××478，手机1375548××××）去办理商事登记事宜。厂房建筑面积共1 500平方米。公司设总经理办公室、财务部、行政部、销售采购部、生产部五个部门，其中生产部设有电镀车间、加工车间和组装车间三个基本生产车间，主要从事华美系列手表的生产。

二、企业筹建业务实训汇总

1. 10月8日，三个股东商议建立公司，起名并委托肖建军登录广州市市场监督管理局官网，进行企业名称自主申报事项。

2. 10月9日，委托其中一个股东去租厂房，签订租用合同，个人预付款。

3. 10月10日，去市场监督管理局办理企业设立的登记并在当天取得营业执照。

4. 10月10日，请装修公司装修厂房并支付装修费，同时招聘会计、出纳以及会计主管。

5. 10月11日，去指定刻章公司刻章并取章。

6. 10月13日，去商务部外经贸局办理对外贸易经营者备案登记。

7. 10月15日，到银行申请开立银行基本账户。

8. 10月18日，办理一般纳税人资格登记及防伪税控认定申请。

9. 10月18日，开通企业网银业务。

10. 10月18日，携带相关资料到银行办理委托缴税业务。

11. 10月18日，携带相关资料到银行办理委托代扣款业务（包括代扣水费、电费、电话费）。

12. 10月19日，到税务局找专员进行新开企业报到备案工作。

13. 10月20日，去海关办理进出口货物收发货人报关注册登记。

14. 10月23日，参保登记——人员参保确认（人力资源和社会保障局）。

15. 10月23日，参保登记——缴费登记与险种核定（税务局）。

16. 10月23日，参保登记——签约手续（开户银行）。

17. 10月25日，去海关办理报关专用章及海关备案。

18. 10月25日，去海关办理报关员备案登记。

19. 10月26日，去海关办理电子口岸IC卡。

20. 10月28日，去海关领取电子口岸IC卡。

21. 11月01日，签订进口机芯的进口合同并接收对方公司发出的形式发票。

三、企业筹建业务实训说明

根据《中华人民共和国公司法》（以下简称《公司法》），公司不设董事会、监事会，由法人代表肖建军担任执行董事，股东王大为担任监事。

企业筹建期业务实训

实训一　企业名称自主申报

实训介绍

三个股东商议建立公司，起名并委托一个股东登录广州市市场监督管理局官网，进行名称自主申报以及企业设立登记。本次实训着重介绍企业名称自主申报和自行打印企业名称自主申报告知书的办理过程。

企业名称自主申报办事流程如图1-1所示：

代理人 / 指定代表
代理人或指定代表人登录红盾信息网，进入“名称自主申报”，填列完整相关信息并确认申报
→
代理人 / 指定代表
确认申报成功后自行打印企业名称自主申报告知书

图 1-1 办理企业名称预先核准申请流程

实训内容

1. 办理企业名称自主申报的流程
2. 自行打印企业名称自主申报告知书

实训目标

1. 掌握企业名称自主申报的办事流程
2. 熟悉自行打印企业名称自主申报告知书的办事流程

实训过程

三个股东商议建立公司，为公司起名并委托肖建军办理。A 同学扮演企业办事员肖建军。演示视频见视频 1-1。

视频 1-1 企业名称自主申报

第一步：登录广州市市场监督管理局官网并选择名称申报，进行企业名称自主申报。

登录财税一体化综合实训实验室教学系统，选择实训案例——广州市华美手表制造有限公司，开始进行实训（见图1-2）。

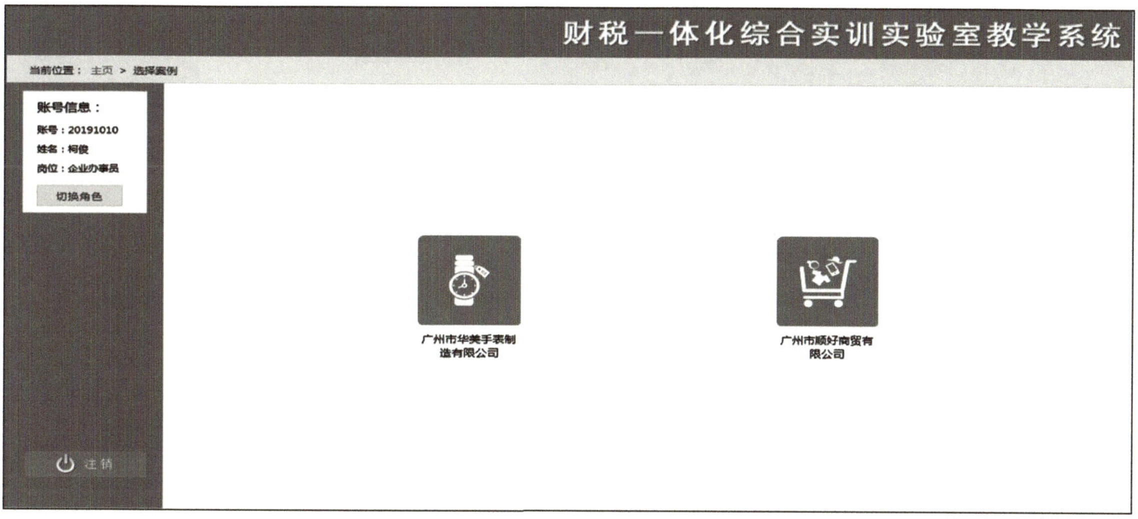

图 1-2 案例选择

在案例首页左侧单击 筹办企业 按钮，如图1-3所示。

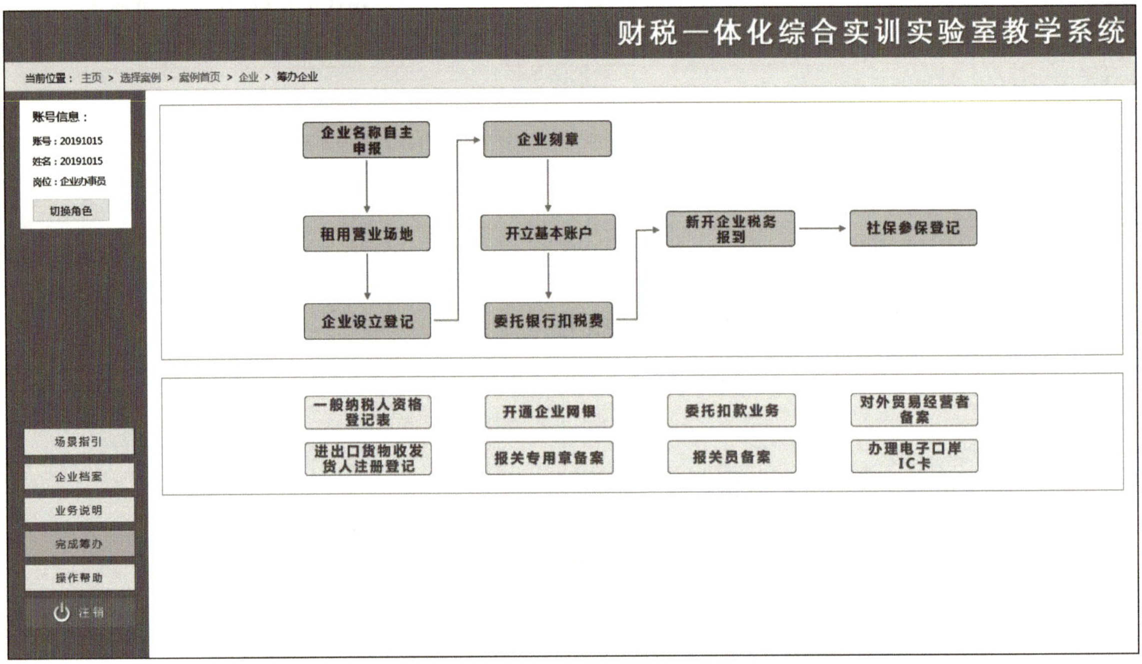

图 1-3　筹办企业

单击【企业名称自主申报】，登录广州市市场监督管理局官网，选择办理事项，如图1-4和图1-5所示。

图 1-4　登录广州市市场监督管理局官网

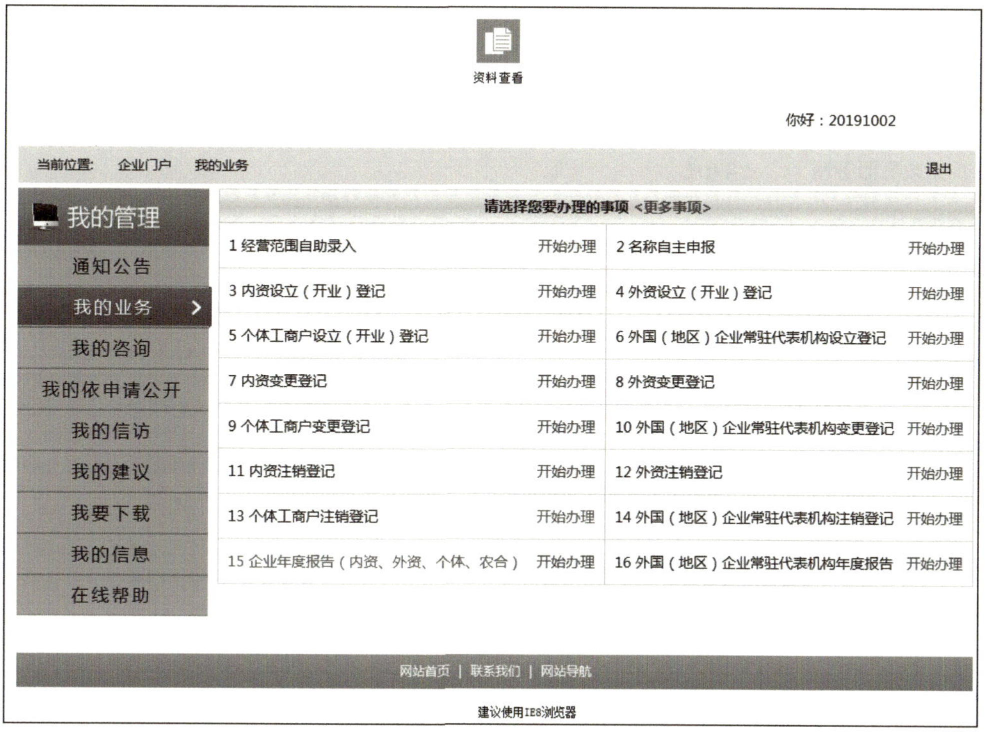

图 1-5 选择办理事项

阅读并同意企业名称自主申报须知，选择申报类型，填写名称信息、投资人信息、代理人信息等内容，如图1-6～图1-12所示。

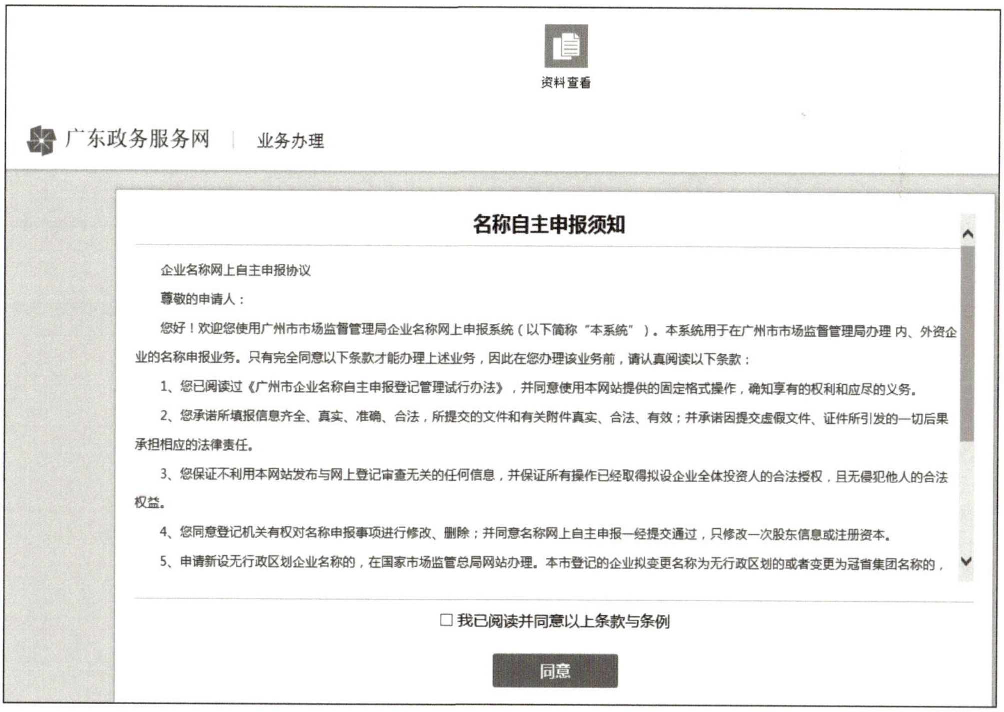

图 1-6 名称自主申报须知

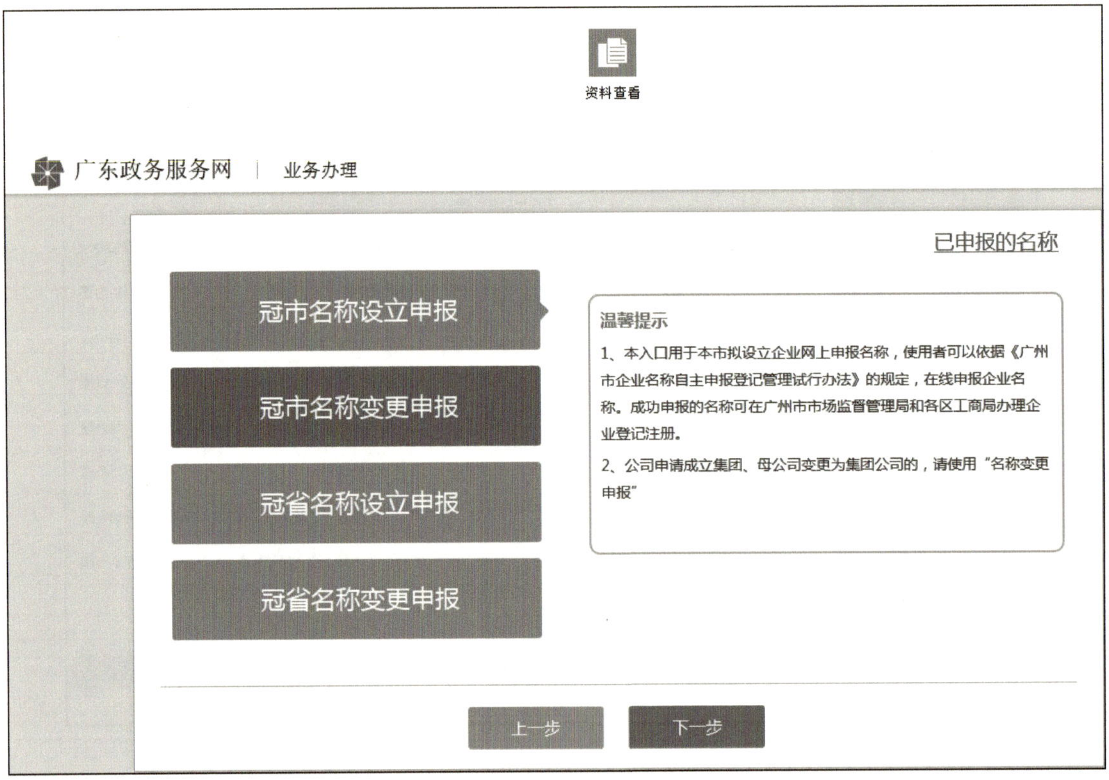

图 1-7 选择申报类型——冠市名称设立申报

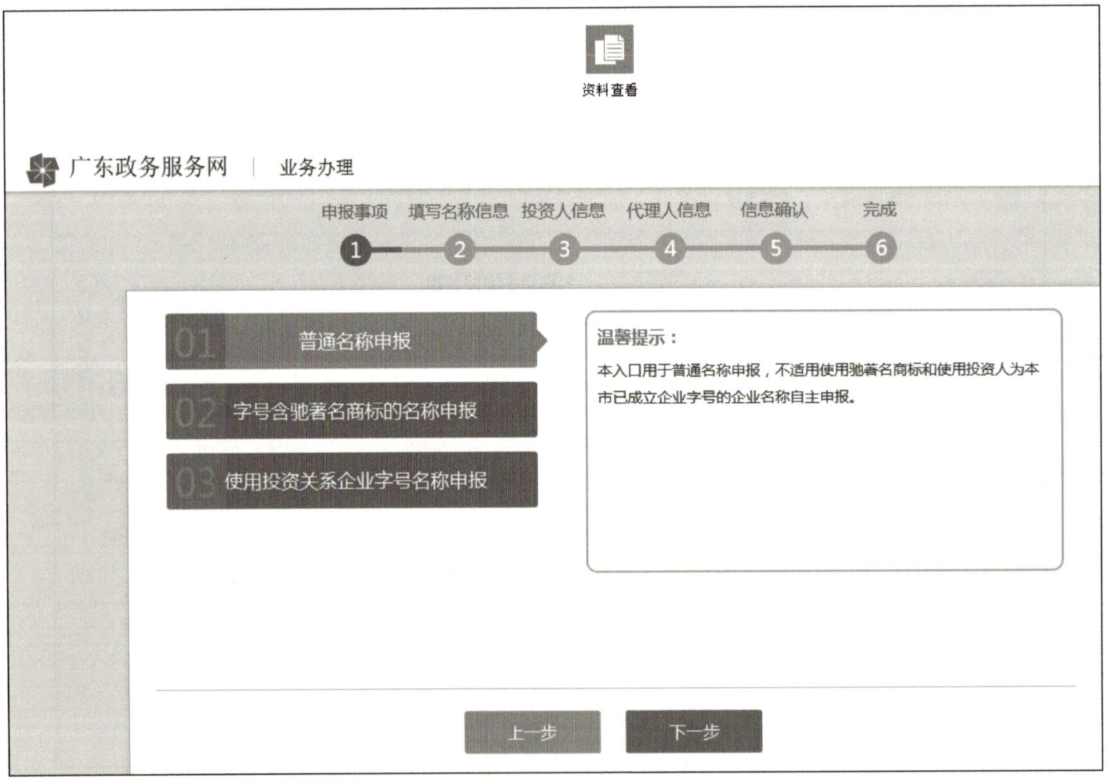

图 1-8 选择申报类型——普通名称申报

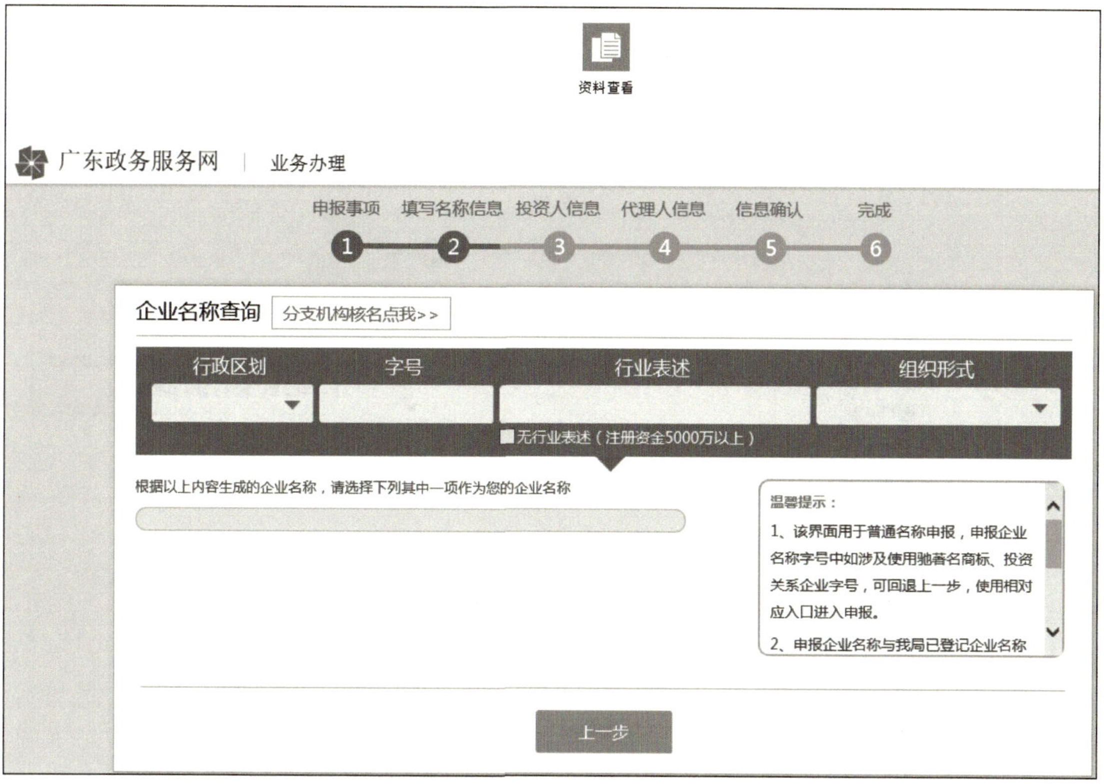

图 1-9　填写名称信息

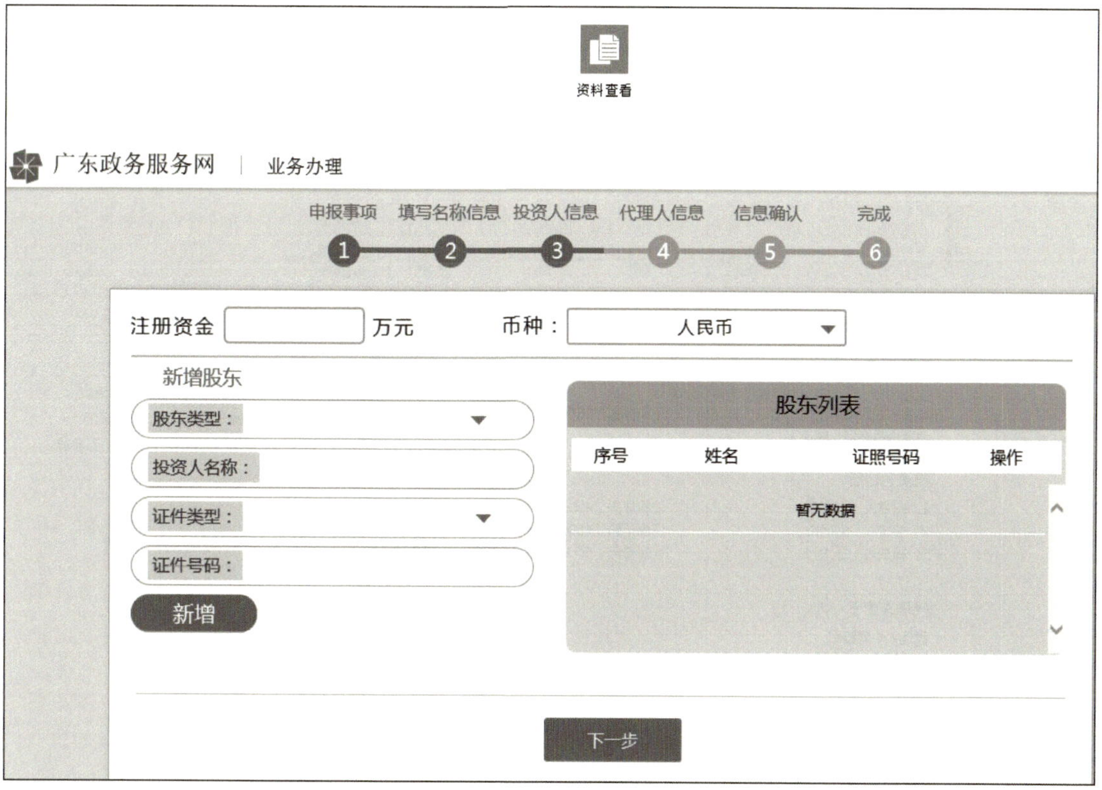

图 1-10　填写投资人信息

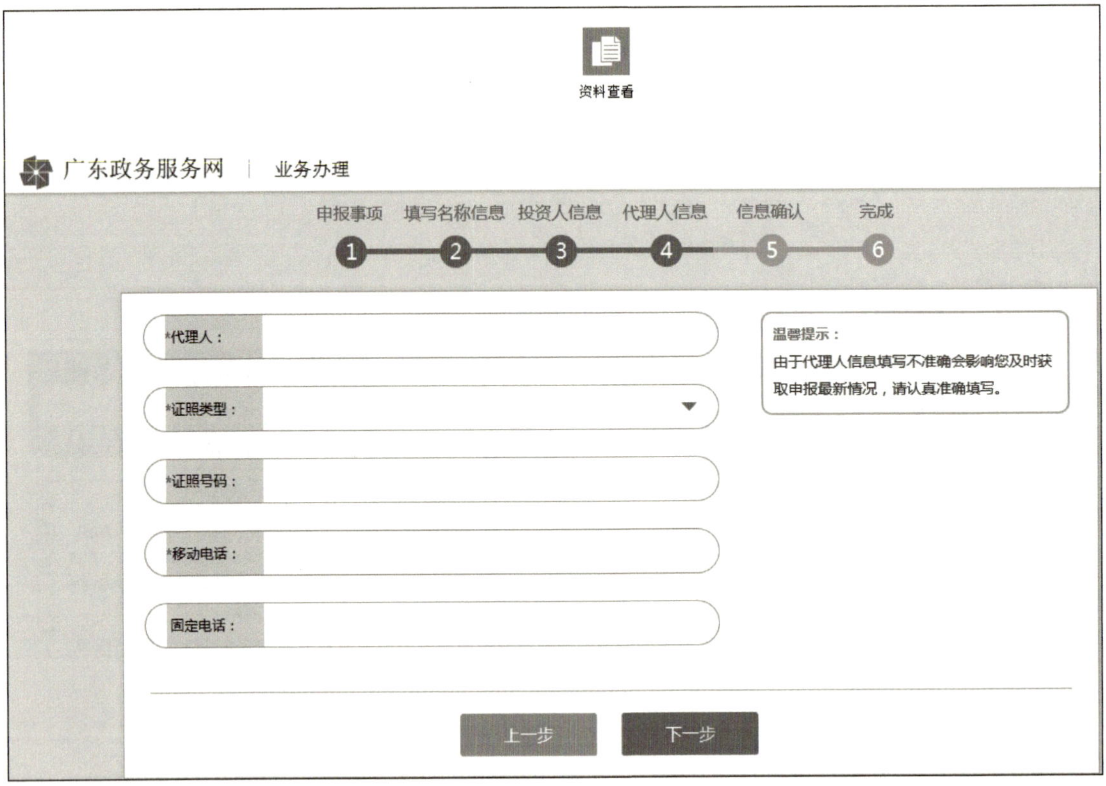

图 1-11 填写代理人信息

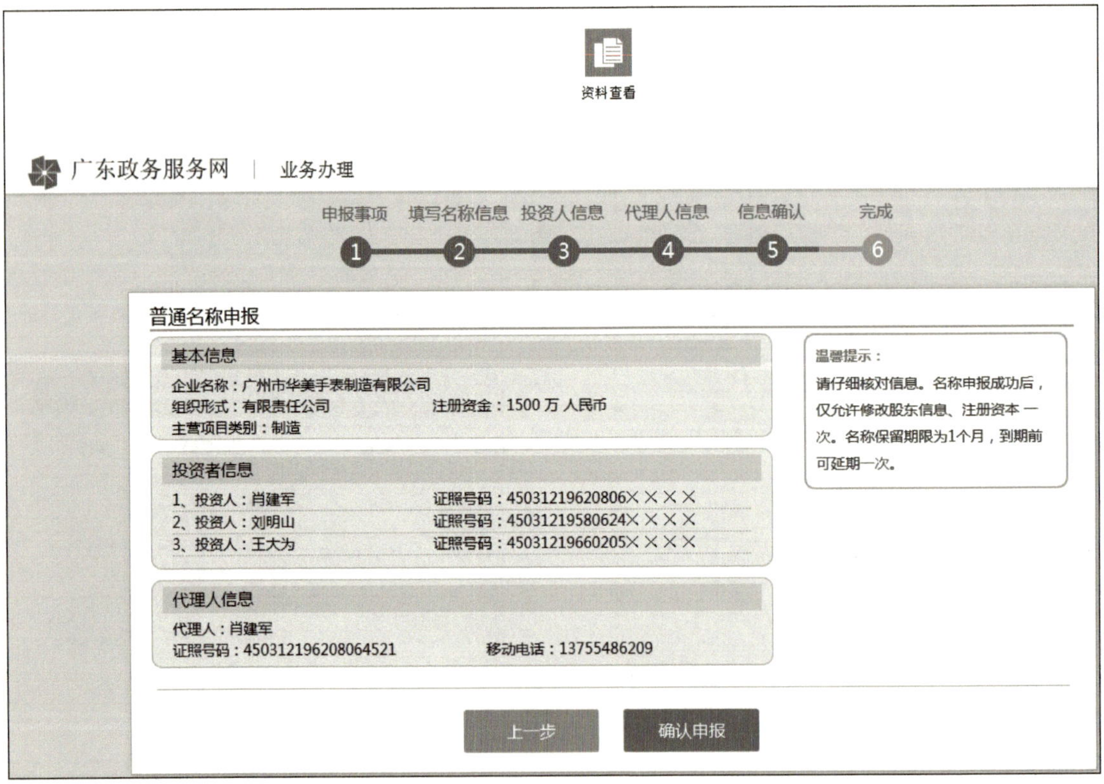

图 1-12 信息确认

第二步：打印申报结果——企业名称自主申报告知书。

单击【打印申报结果】，打印企业名称自主申报告知书，实训结束。如图1-13和图1-14所示。

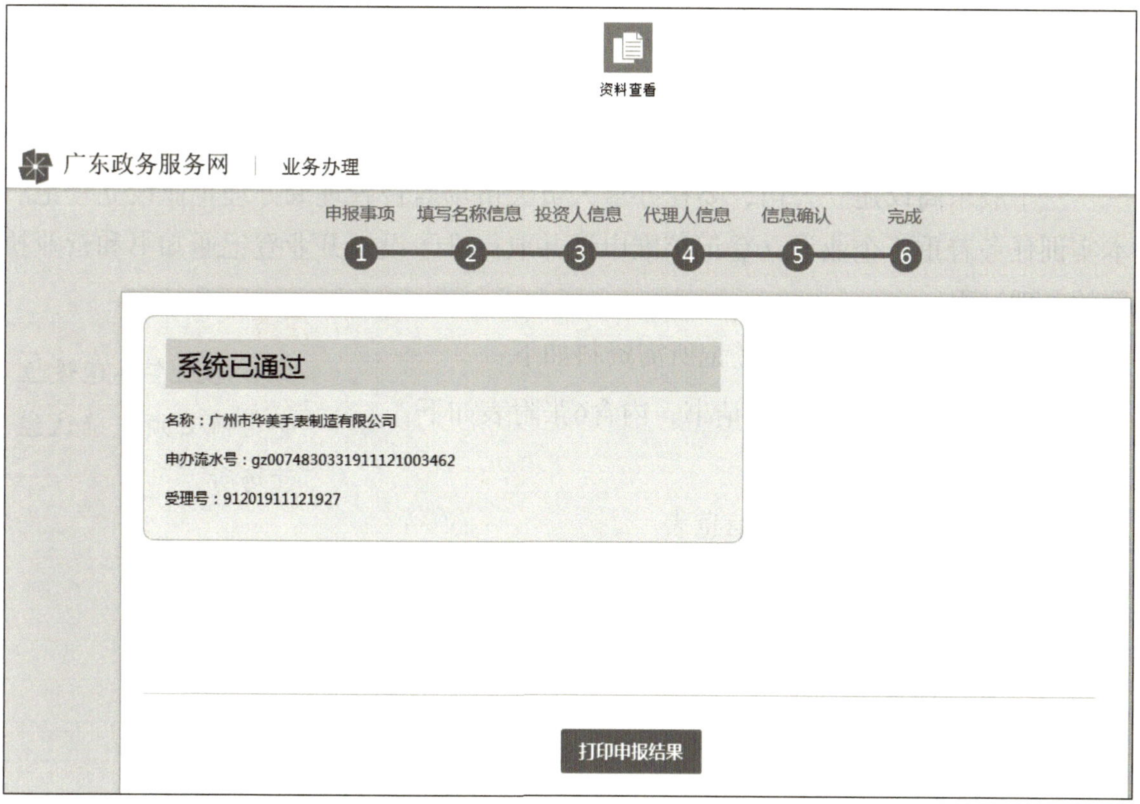

图 1-13 打印申报结果

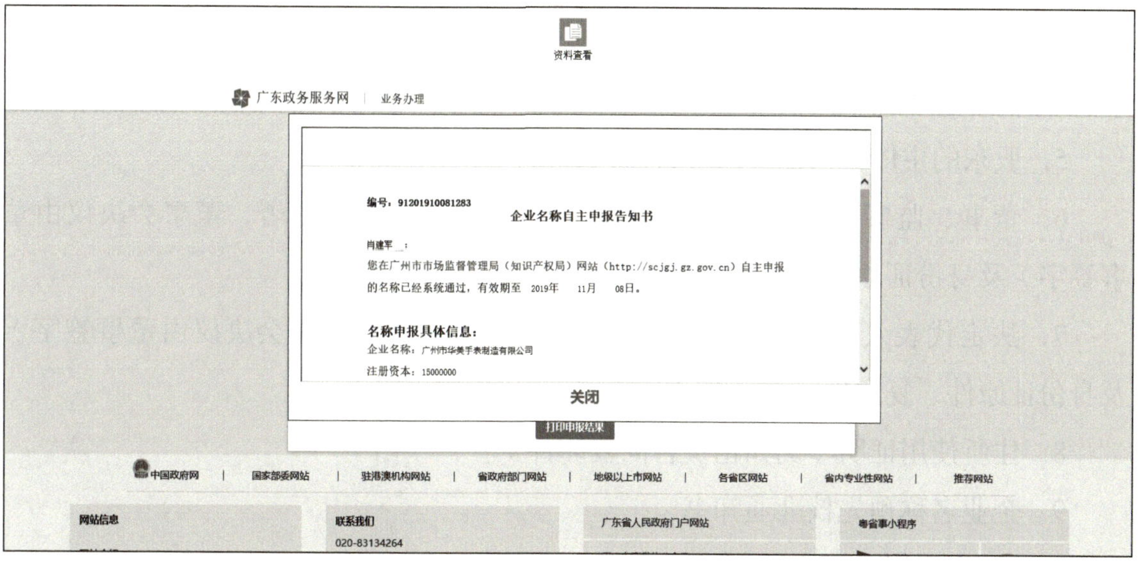

图 1-14 打印企业名称自主申报告知书

实训二　企业设立登记

实训介绍

三个股东商议建立公司，委托办事人员去市场监督管理局办理企业设立登记。本实训任务着重于企业设立登记核准申请并取得准予设立开业登记通知书和营业执照的办理过程。

企业到市监局办理设立登记所需资料如下：

> **注意**
>
> 企业在办理设立登记前必须先确认经营场所。

1．公司登记（备案）申请书，内含6张附表如下：

（1）法定代表人信息表

（2）董事、监事、经理信息表

（3）股东（发起人）出资情况表

（4）联络员信息表

（5）涉税信息表

（6）承诺书

2．税务登记事项表。

3．指定代表或者共同委托代理人授权委托书及指定代表或者共同委托代理人的身份证原件、复印件。

4．全体股东签署的公司章程。

5．股东的主体资格证明或者自然人身份证原件、复印件。

6．董事、监事和经理的任职文件（股东会决议由股东签署，董事会决议由董事签字）及身份证原件、复印件。

7．法定代表人任职文件（股东会决议由股东签署，董事会决议由董事签字）及身份证原件、复印件。

8．住所使用证明（例如租赁合同复印件）。

9．企业名称预先核准通知书。

企业设立登记办事流程如图1-15所示：

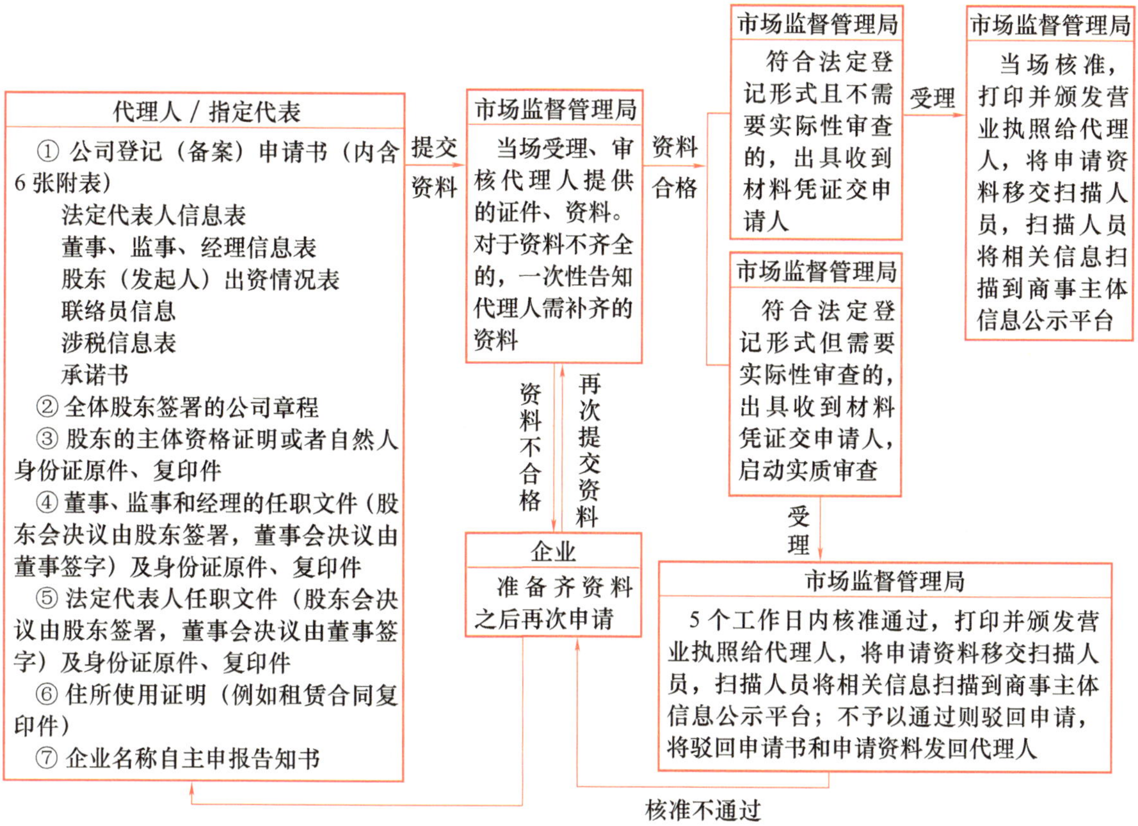

图 1-15 办理企业设立登记流程

实训内容

1. 填写公司登记（备案）申请书及6张附表
2. 签署公司章程以及董事、监事、经理的任职文件和法定代表人任职文件
3. 企业设立登记办事并取得准予设立开业登记通知书和营业执照的办事流程

实训目标

1. 掌握公司登记（备案）申请书及6张附表的填写
2. 掌握企业设立登记办理的所需资料
3. 熟悉企业设立登记办理的办事流程
4. 熟悉取得准予设立开业登记通知书和营业执照的办事流程

实训过程

此业务由A同学扮演市场监督管理局工作人员，B同学及C同学扮演企业办事员。演示视频见视频1-2。

视频 1-2 企业设立登记

第一步：租用营业场所并签订租赁合同。

企业办事员登录系统企业端，选择 租用营业场地 ，进行业务表单填写，如图1-16所示。

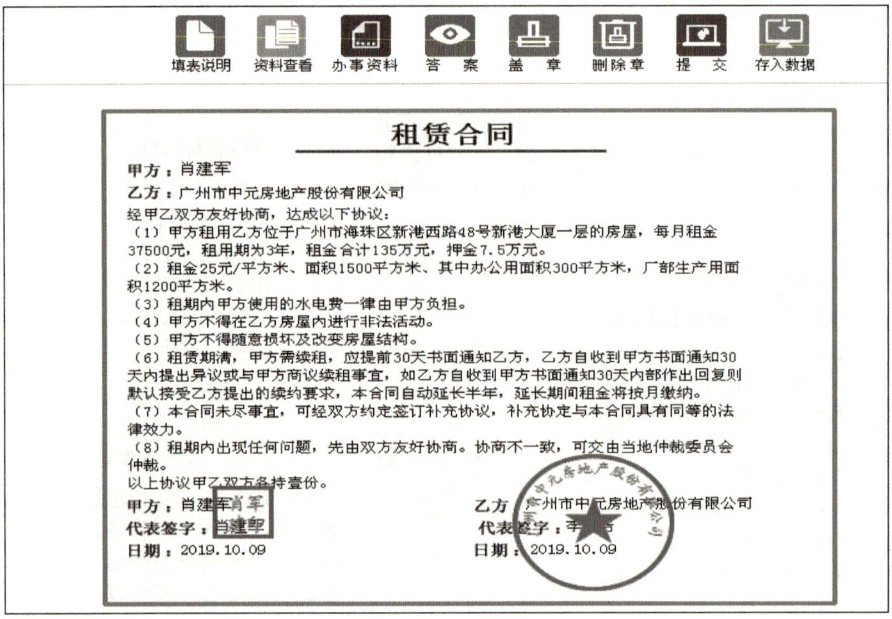

租赁合同

甲方：肖建军

乙方：广州市中元房地产股份有限公司

经甲乙双方友好协商，达成以下协议：

（1）甲方租用乙方位于广州市海珠区新港西路48号新港大厦一层的房屋，每月租金37500元，租用期为3年，租金合计135万元，押金7.5万元。

（2）租金25元/平方米、面积1500平方米、其中办公用面积300平方米，厂部生产用面积1200平方米。

（3）租期内甲方使用的水电费一律由甲方负担。

（4）甲方不得在乙方房屋内进行非法活动。

（5）甲方不得随意损坏及改变房屋结构。

（6）租赁期满，甲方需续租，应提前30天书面通知乙方，乙方自收到甲方书面通知30天内提出异议或与甲方商议续租事宜，如乙方自收到甲方书面通知30天内部作出回复则默认接受乙方提出的续约要求，本合同自动延长半年，延长期间租金将按月缴纳。

（7）本合同未尽事宜，可经双方约定签订补充协议，补充协定与本合同具有同等的法律效力。

（8）租期内出现任何问题，先由双方友好协商。协商不一致，可交由当地仲裁委员会仲裁。

以上协议甲乙双方各持壹份。

甲方：肖建军　　　　乙方：广州市中元房地产股份有限公司

代表签字：肖建军　　　　代表签字：李□

日期：2019.10.09　　　　日期：2019.10.09

图 1-16　租赁合同填写

将表单填写完毕之后，勾选办事资料，保存并提交数据。

第二步：填写公司登记（备案）申请书等表单并提交资料。

选择 企业设立登记 ，进行企业设立登记业务表单填写，如图1-17所示。

公司登记(备案)申请书

注：请仔细阅读本申请书《填写说明》，按要求填写

□基本信息			
名称			
名称预先核准文号或注册号/统一社会信用代码			
住所	______省（市/自治区）______市（地区/县/自治州）______县（自治县/旗/自治旗/市/区______		
联系电话		邮政编码	
□设立			
法定代表人姓　名		职务	□董事长 □执行董事 □经理
拟调整项目	______万元	公司类型	□有限责任公司 □股份有限公司
设立方式（股份公司填写）	□发起设立 □募集设立		

图 1-17　公司登记（备案）申请书填写

填写完毕，保存数据，单击[下一页]，进入其他应填写的表单页面。全部表单填写完成之后，勾选办事资料，再全部提交。

第三步：市监柜员审阅资料（见视频1-3）。

视频 1-3　市监柜员审阅资料

切换角色至市场监督管理局柜员。市场监督管理局柜员登录系统并选择工作台>>系统工作台，选择未处理业务，如图1-18所示。

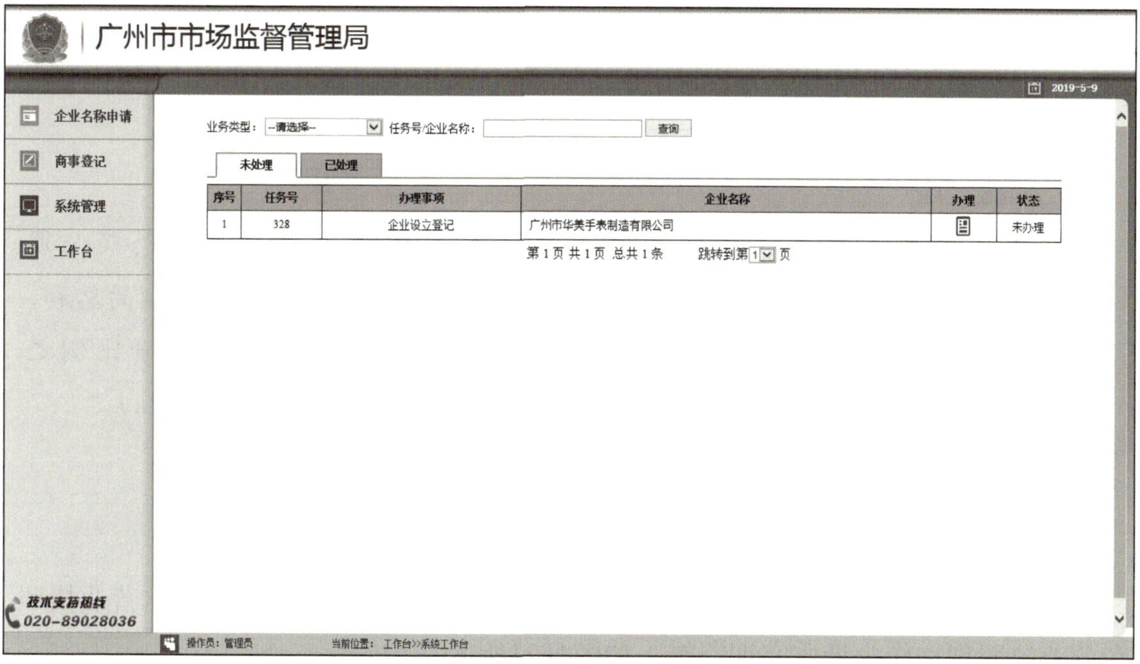

图 1-18　市场监督管理局系统工作台

单击[办理]，进入企业设立登记信息录入页面，如图1-19所示。

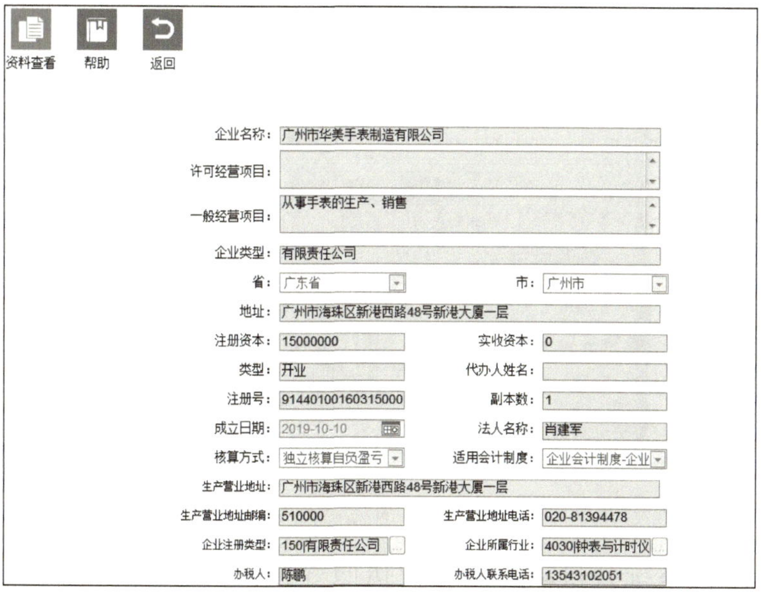

图 1-19　企业设立登记信息录入

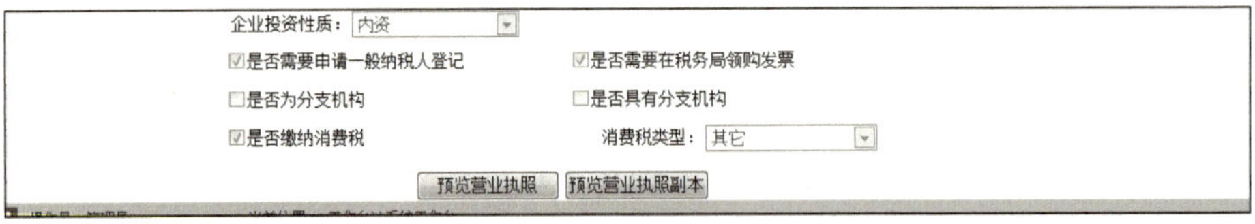

图 1-19　企业设立登记信息录入（续）

单击资料审阅，浏览并审阅企业所提交资料。资料审核无误后，单击股东分配，股东姓名会自动生成，输入认缴出资额并保存数据（见图1-20），单击返回，根据业务需要将图1-19中的信息补充完整，单击登记，确认登记。

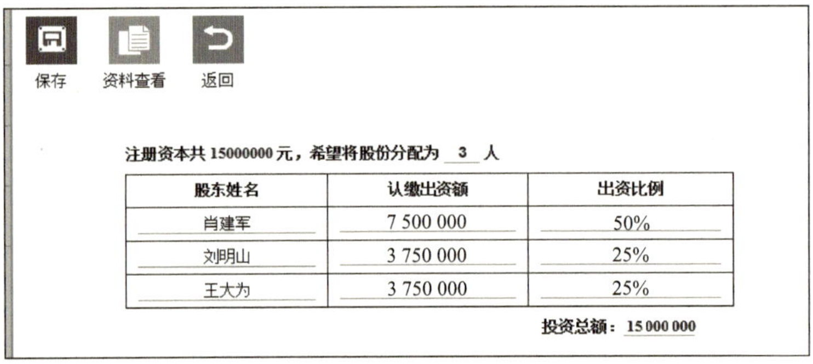

图 1-20　股东分配信息表

注意

股东投资总额必须等于认缴出资额的总和，几个股东的投资比例之和应为 1（100%）。

第四步：领取营业执照。

登记完成之后，选择预览营业执照和预览营业执照副本，可以预览、打印、导出营业执照和营业执照副本作为纸质实训资料，如图1-21所示。

图 1-21　预览营业执照

完成办理后，系统会自动传递营业执照等相关资料到企业档案库，如图1-22所示。

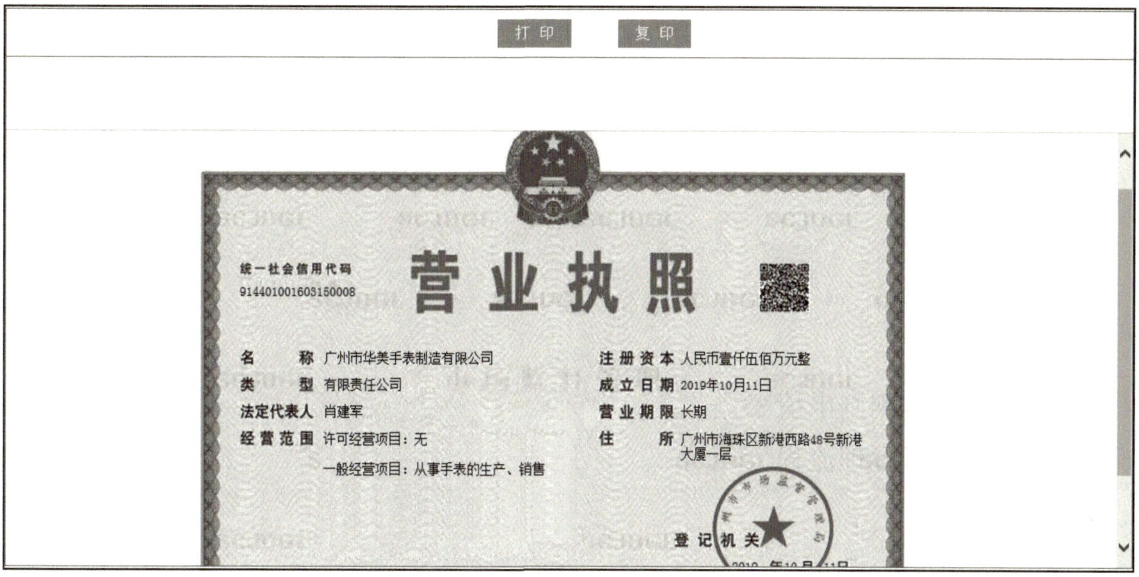

图 1-22 打印和导出营业执照

实训结束。

实训三 办理刻章取章

实训介绍

企业筹建期必须去公安局指定刻章地点刻章取章。本实训将介绍公司刻章的申请办理流程。

（一）企业应准备的资料

1. 营业执照副本原件及复印件
2. 法定代表人身份证复印件
3. 经办人身份证原件及复印件

（二）公安局需提供的资料

1. 印章刻制申请表
2. 刻章许可证

（三）刻章公司需要提供的资料

刻章公司开具刻章收款收据。

企业办理刻章取章的业务流程如图1-23所示：

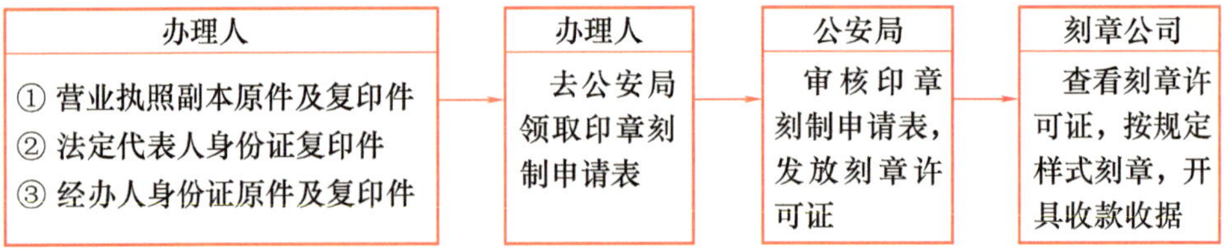

图 1-23　企业刻章取章业务流程

实训内容

1. 填写印章刻制申请表
2. 公司刻章办理流程

实训目标

1. 了解办理公司刻章申请的所需资料
2. 掌握印章刻制申请表的填写
3. 熟悉企业刻章办理流程

实训过程

第一步：填写印章刻制申请表并提交资料。

企业办事员登录系统企业端，选择 企业刻章 ，进入印章刻制申请表填写页面，如图1-24所示。

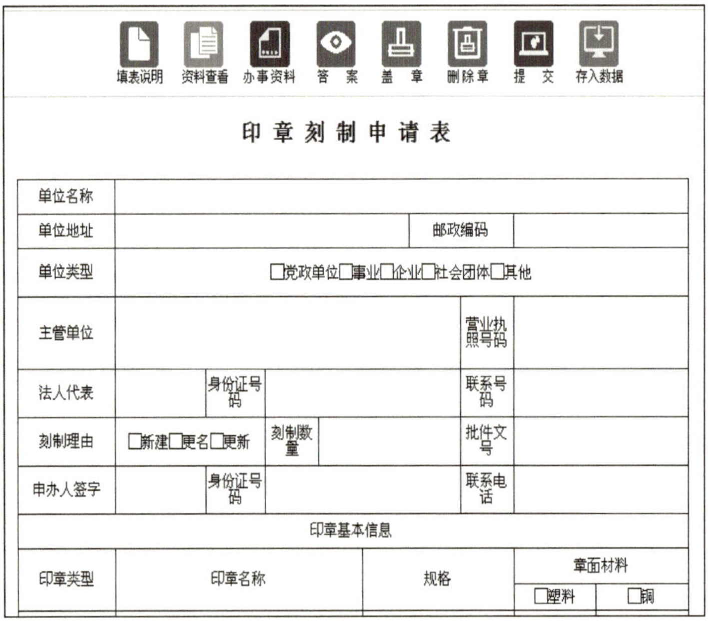

印章刻制申请表

单位名称					
单位地址				邮政编码	
单位类型	□党政单位□事业□企业□社会团体□其他				
主管单位				营业执照号码	
法人代表		身份证号码		联系号码	
刻制理由	□新建□更名□更新	刻制数量		批件文号	
申办人签字		身份证号码		联系电话	
印章基本信息					
印章类型	印章名称		规格	章面材料	
				□塑料	□铜

图 1-24　印章刻制申请表填写

将印章刻制申请表填写完毕之后保存，勾选办事资料，并提交数据，完成办理。

第二步：发放刻章许可证。

提交表单后，系统自动将刻章许可证发放到企业档案中，如图1-25所示。

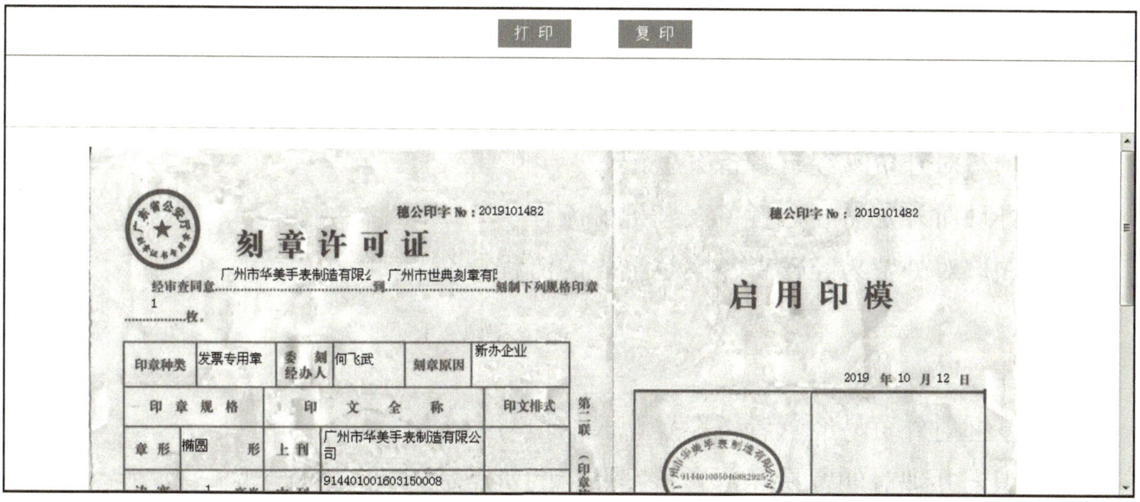

图 1-25　刻章许可证

实训结束。

实训四　办理对外贸易经营者备案登记

实训介绍

有涉外业务的企业筹建期必须去商务部外经贸局办理对外贸易经营者备案登记并领取对外贸易经营者备案登记表。本实训主要介绍如何办理对外贸易经营者备案登记。

（一）办理对外贸易经营者备案登记所需资料

1．营业执照原件及复印件

2．企业法人身份证原件

（二）商务部外经贸局需要提供的资料

1．对外贸易经营者备案登记表

2．对外贸易经营者备案登记受理通知书

对外贸易经营者备案登记流程如图1-26所示：

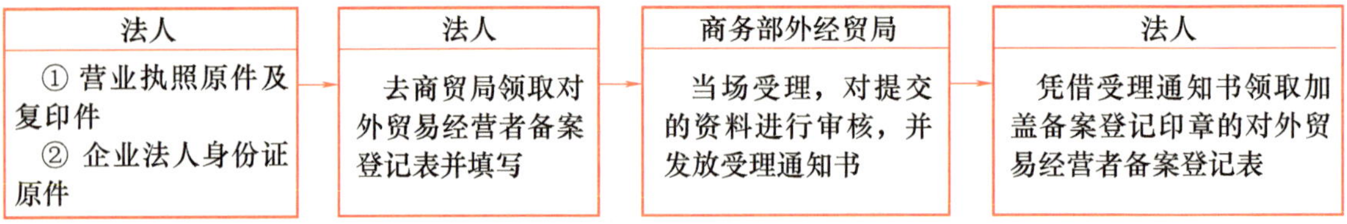

图 1-26　办理对外贸易经营者备案登记流程

实训内容

1. 填写对外贸易经营者备案登记表
2. 办理对外贸易经营者备案登记的流程
3. 领取对外贸易经营者备案登记表的流程

实训目标

1. 掌握对外贸易经营者备案登记表的填写
2. 识记办理对外贸易经营者备案登记的所需资料
3. 熟悉办理对外贸易经营者备案登记的流程

实训过程

企业办事员登录系统企业端，选择“对外贸易经营者备案”，如图1-27所示。

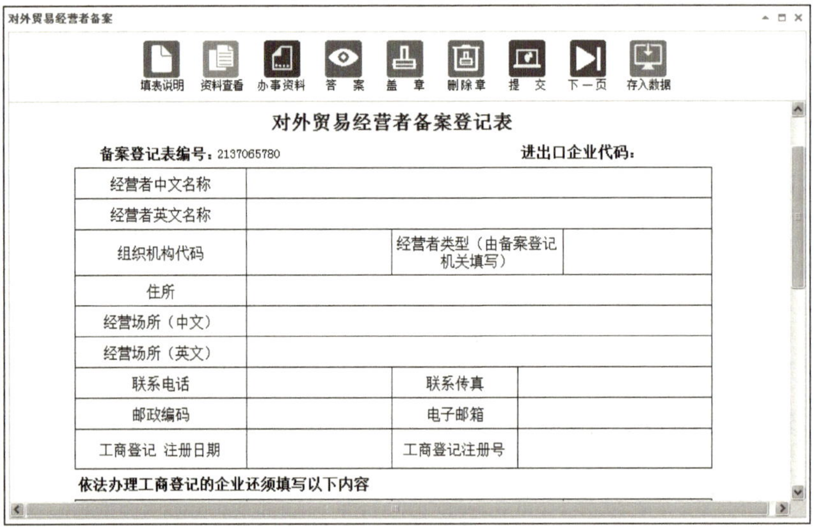

图 1-27　对外贸易经营者备案登记表填写

填写完毕，保存数据，单击“下一页”，进入其他应填写的表单页面。全部表单完成之后，勾选办事资料，再提交数据，完成办理。

实训结束。

实训五　开立银行基本账户

实训介绍

企业筹建需要开立基本账户。本实训着重介绍基本账户的开立流程。

（一）企业需要的资料

1. 营业执照副本原件及复印件
2. 法定代表人身份证原件及复印件
3. 企业公章、财务章、法人章

（二）银行需要的资料

1. 开户申请书一式三联
2. 印鉴卡

开立银行基本账户操作流程如图1-28所示：

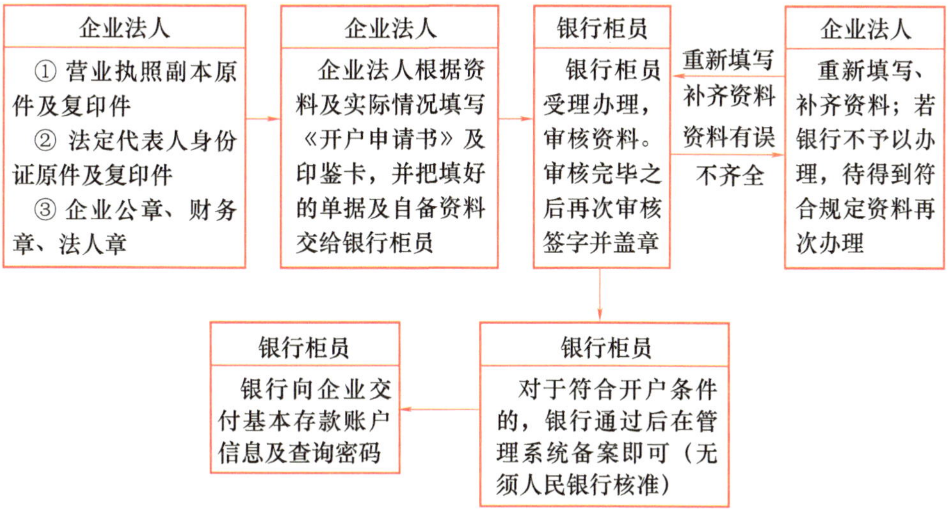

图 1-28　企业办理基本账户流程

实训内容

1. 填写开户申请书
2. 银行印鉴卡盖章

实训目标

1. 熟悉开户申请书的填写
2. 识记企业开立银行基本账户所需的企业资料和银行资料
3. 熟悉企业开立银行基本账户的流程

实训过程

此业务由 A 同学扮演银行柜员和银行主管审核员，B 同学及 C 同学扮演企业办事员。演示视频见视频 1-4。

视频 1-4　开立银行基本账户

第一步：企业办事员登录系统。

企业办事员登录系统企业端，选择 开立基本账户 ，如图1-29所示。

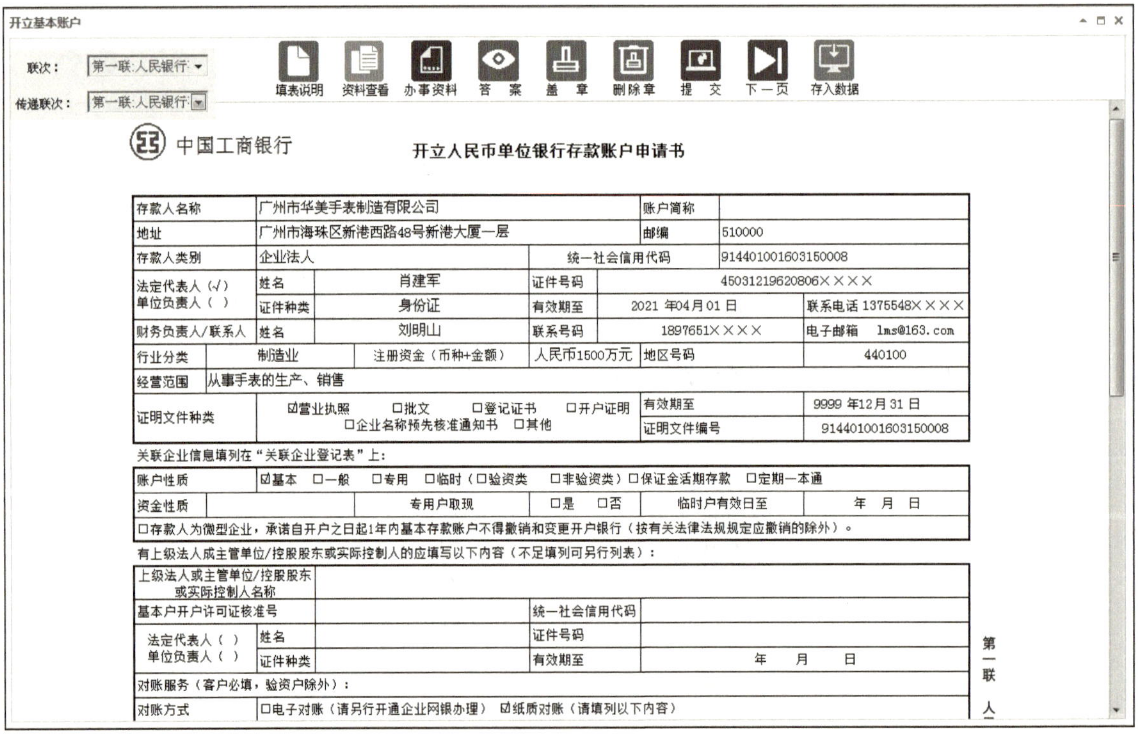

开立人民币单位银行存款账户申请书

存款人名称	广州市华美手表制造有限公司			账户简称	
地址	广州市海珠区新港西路48号新港大厦一层			邮编	510000
存款人类别	企业法人		统一社会信用代码	914401001603150008	
法定代表人（√） 单位负责人（ ）	姓名	肖建军	证件号码	45031219620806×××	
	证件种类	身份证	有效期至	2021 年04月01 日	联系电话 1375548××××
财务负责人/联系人	姓名	刘明山	联系号码	1897651××××	电子邮箱 lms@163.com
行业分类	制造业	注册资金（币种+金额）	人民币1500万元	地区号码	440100
经营范围	从事手表的生产、销售				
证明文件种类	☑营业执照 □批文 □登记证书 □开户证明 □企业名称预先核准通知书 □其他			有效期至	9999 年12月 31 日
				证明文件编号	914401001603150008

关联企业信息填列在“关联企业登记表”上：

账户性质	☑基本 □一般 □专用 □临时（□验资类 □非验资类）□保证金活期存款 □定期一本通				
资金性质		专用户取现	□是 □否	临时户有效日至	年 月 日
□存款人为微型企业，承诺自开户之日起1年内基本存款账户不得撤销和变更开户银行（按有关法律法规规定应撤销的除外）。					

有上级法人成主管单位/控股股东或实际控制人的应填写以下内容（不足填列可另行列表）：

上级法人或主管单位/控股股东或实际控制人名称				
基本户开户许可证核准号			统一社会信用代码	
法定代表人（ ） 单位负责人（ ）	姓名		证件号码	
	证件种类		有效期至	年 月 日
对账服务（客户必填，验资户除外）：				
对账方式	□电子对账（请另行开通企业网银办理） ☑纸质对账（请填列以下内容）			

图 1-29　开立基本账户业务表单填写

企业办事员填写好开户申请书并盖章、保存；单击【下一页】填写印鉴卡，保存，完成后勾选办事资料，并提交数据。

第二步：银行柜员审核资料。

切换角色至选银行柜员，登录银行系统，选择工作台>>系统工作台，如图1-30所示。

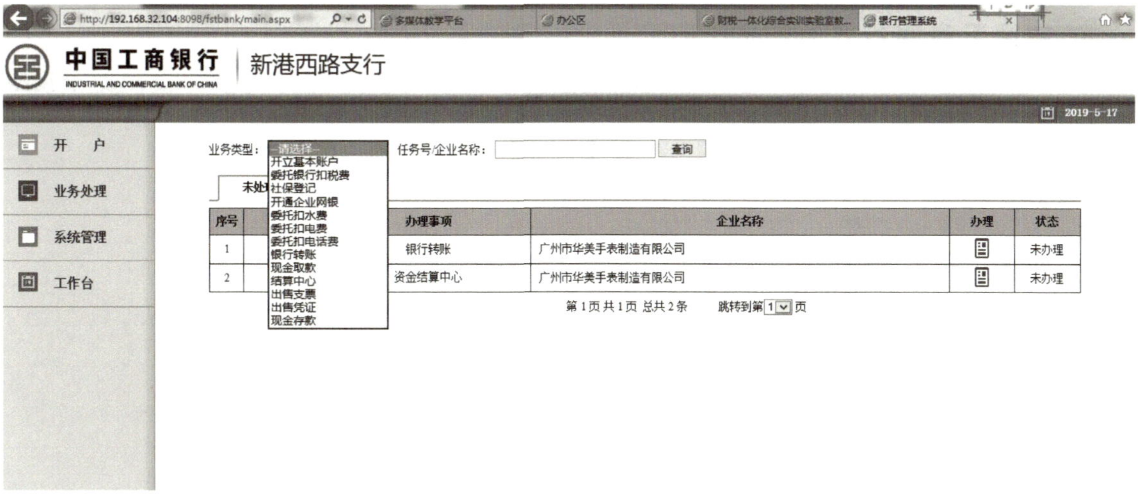

图 1-30　银行管理系统工作台

选择开立基本账户，按下<Enter>键，根据企业办事员的业务需要选择业务类型，如图1-31所示。

图 1-31　选择业务类型

单击办理，进入开立基本账户页面，录入企业相关信息，如图1-32所示。

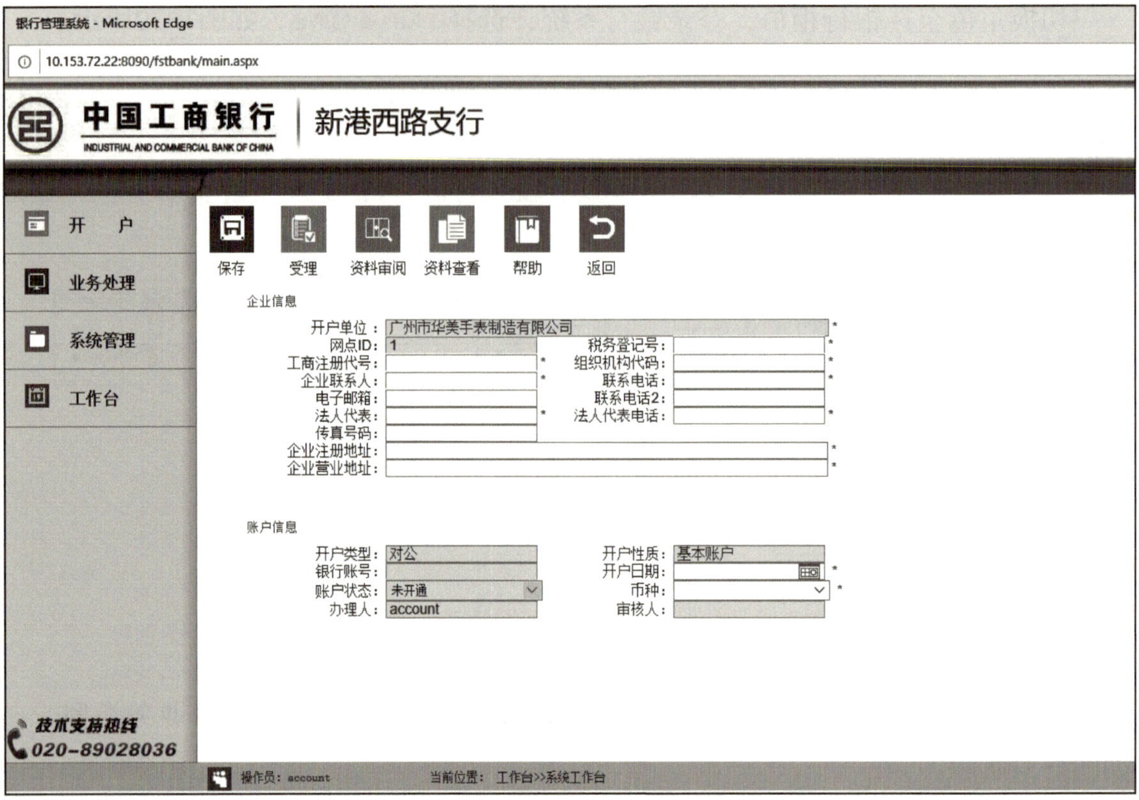

图 1-32 信息录入

单击资料审阅，资料审核无误，将页面中带“*”的信息补充完整。填写完数据后单击保存，则该数据会被保存成功（单击【返回】再重新进入该数据依然存在）。若必填的数据已填完，单击受理，则该业务已受理成功并可以进行下一步的审核工作，如图1-33所示。

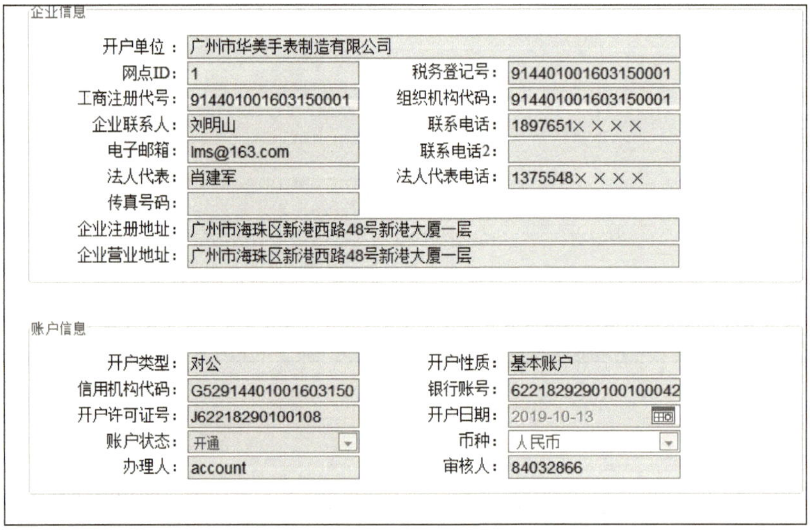

图 1-33 保存信息

第三步：开立基本账户。

单击审核，如图1-34所示。

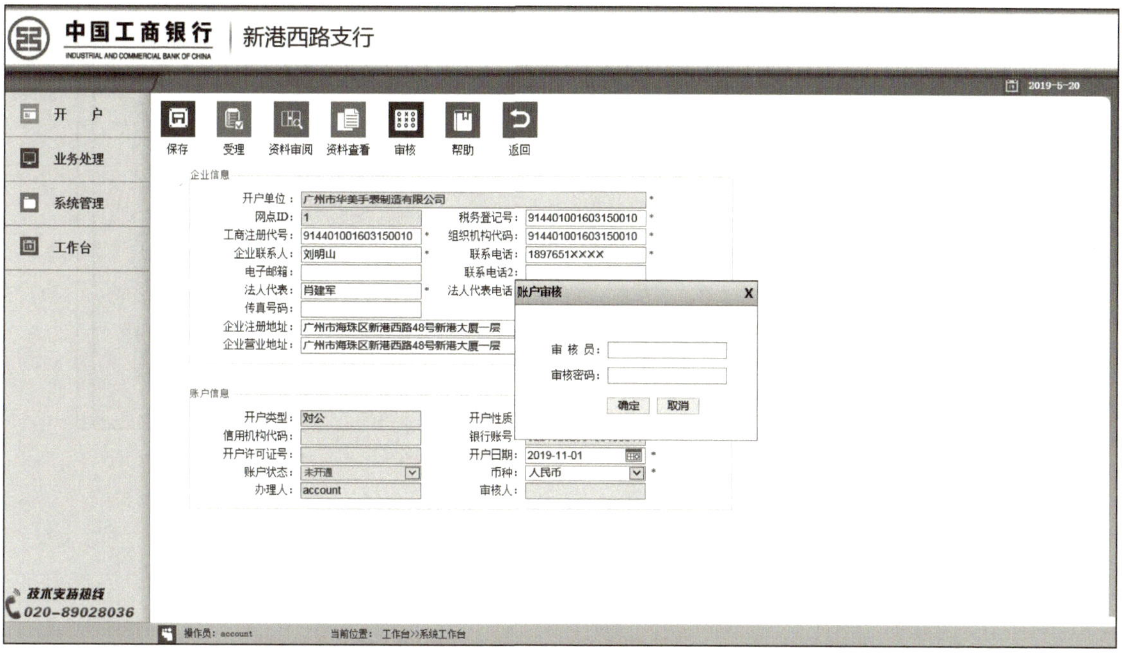

图 1-34 银行主管审核页面

审核员输入账号（84032866）和密码（888888），单击确定，开始设置开户单位账户密码。输入初始密码，再单击确定，提示密码保存成功后即完成开户，系统将自动发送密码函到企业档案中，如图1-35和图1-36所示。

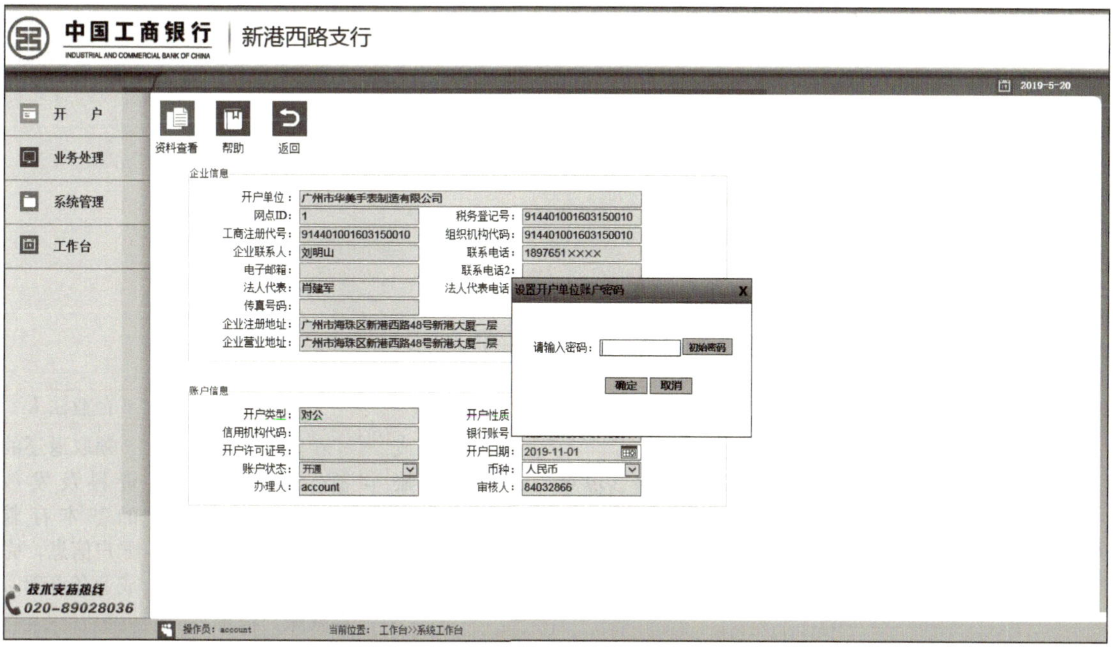

图 1-35 设置开户单位账户密码

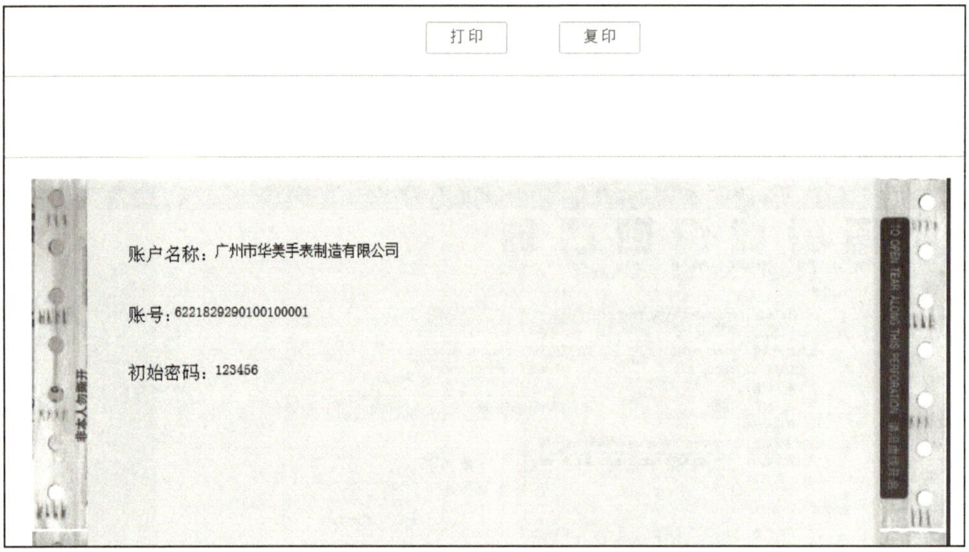

图 1-36　获取银行密码函

实训结束。

实训六　领取基本存款账户信息

实训介绍

企业到银行申请开立基本账户，经银行审核通过后签订账户管理协议，并发放基本存款账户信息。

（一）企业签订账户管理协议需要的资料

法定代表人身份证原件

（二）银行需要提供的资料

账户管理协议

领取基本存款账户信息的操作流程如图1-37所示：

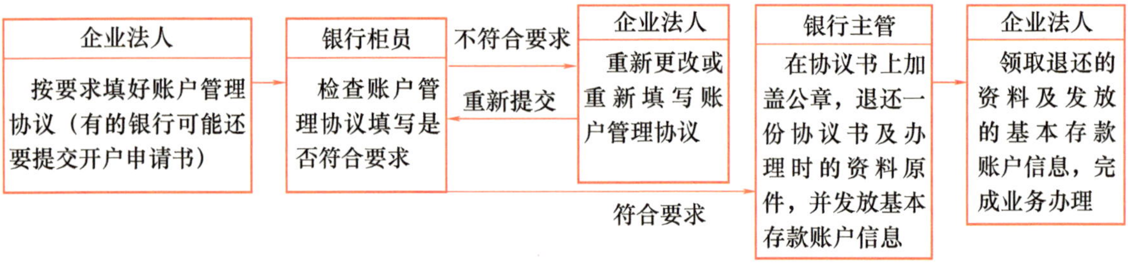

图 1-37　企业领取基本存款账户信息流程

实训内容

1. 填写账户管理协议
2. 企业领取基本存款账户信息

实训目标

1. 熟悉领取基本存款账户信息的流程
2. 识记领取基本存款账户信息所需资料

实训过程

此业务由 A 同学扮演银行柜员和银行主管，B 同学及 C 同学扮演企业办事员及法人。

第一步：填写账户管理协议提交资料。

银行柜员发送密码后，切换角色至企业办事员，登录系统企业端，选择 开立基本账户 ，如图1-38所示。

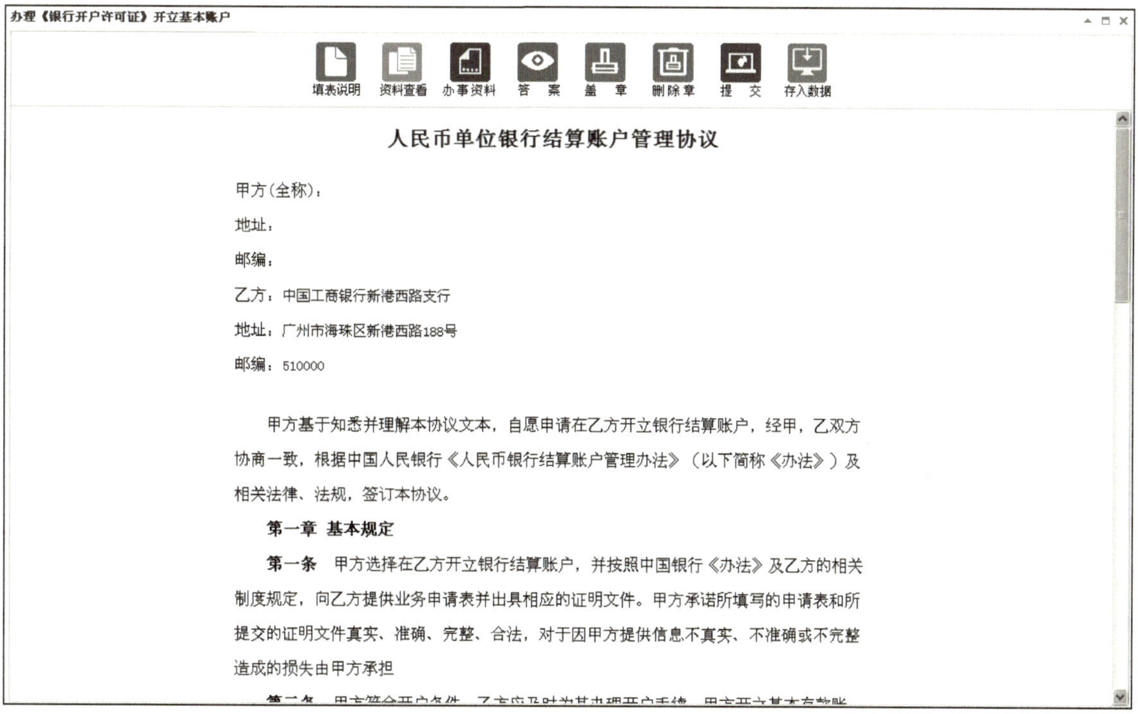

图 1-38 银行结算账户管理协议业务表单填写

完成表单填写后，保存并提交。

第二步：领取基本存款账户信息。

切换角色至银行柜员，登录银行系统，选择工作台>>系统工作台，再选择开立基本账户，按下<Enter>键，选择所在企业后，单击办理，如图1-39所示。

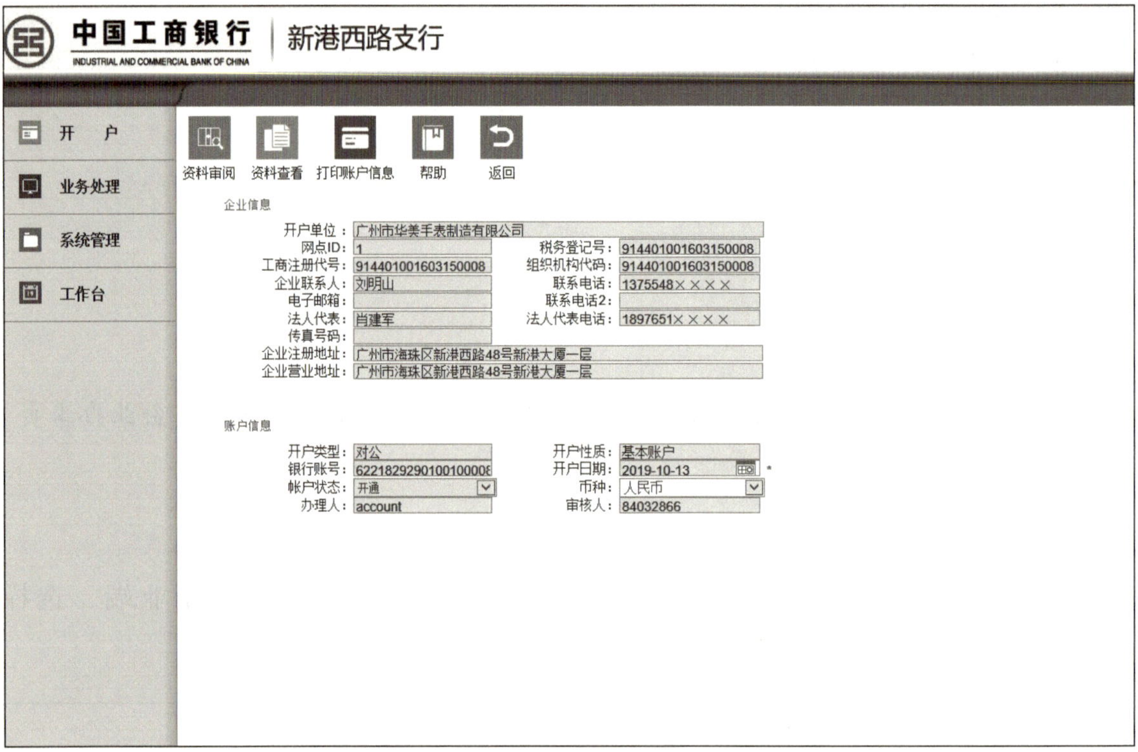

图 1-39　基本存款账户信息审核

单击资料审阅，审核无误后银行主管在账户管理协议上盖上银行协议专用章，单击打印账户信息完成办理。企业档案将自动生成基本存款账户信息，如图1-40所示。

图 1-40　生成基本存款账户信息

第三步：银行柜员录入企业注册资金。

银行柜员选择 系统管理>>资金结算中心 ，进入资金结算中心，根据三名股东的情况输入相关信息，单击【确定】，提示转账成功即可，如图1-41所示。肖建军入资7 500 000.00元，刘明山及王大为分别入资3 750 000.00元（肖建军账号：6215648954613895112，刘明山账号：6215689541245687596，王大为账号：6215648952135489654）。

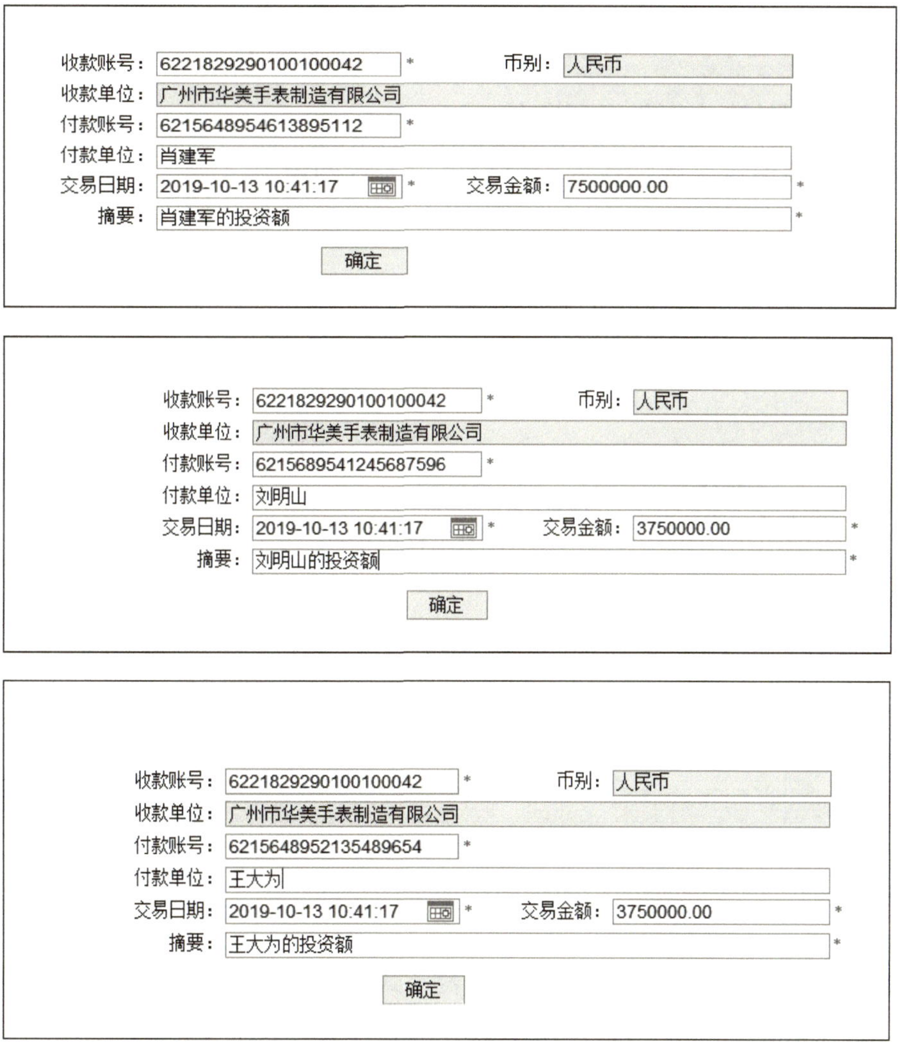

图 1-41 企业注册资金转账明细

实训结束。

实训七　办理一般纳税人资格登记

实训介绍

企业需根据自身规模，按要求办理一般纳税人资格登记。本实训主要介绍一般纳税人资格登记的办理。

（一）企业办理申请一般纳税人资格登记所需的资料

1. 营业执照的副本原件及复印件
2. 填好的增值税一般纳税人资格登记表一式两份

（二）税务局需要提供的资料

增值税一般纳税人资格登记表一式两份

办理一般纳税人资格登记操作流程如图1-42所示：

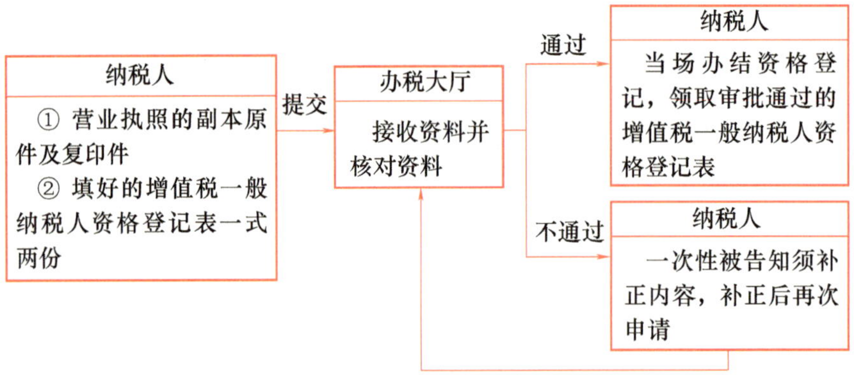

图 1-42　办理一般纳税人资格登记的流程

实训内容

1. 填写增值税一般纳税人资格登记表一式两份
2. 办理一般纳税人资格登记申请需要准备及提交的资料

实训过程

1. 掌握增值税一般纳税人资格登记表的填写
2. 识记办理一般纳税人资格登记申请所需资料
3. 熟悉办理一般纳税人资格登记申请的办事流程

此业务由 A 同学扮演税务局工作人员，B 同学及 C 同学扮演企业办事员。演示视频见视频 1-5。

视频 1-5　增值税一般纳税人资格登记

实训过程

第一步：企业办事员登录系统。

企业办事员登录系统企业端，选择【一般纳税人资格登记表】，如图1-43所示。

图 1-43　一般纳税人资格登记业务表单填写

填写完毕，保存数据，勾选办事资料，再提交数据。

第二步：税务局柜员审阅资料。

切换角色至税务局柜员，税务局柜员登录系统（账号：admin，密码：admin），单击【工作台】，在未处理业务中，根据企业办事员的业务需要选择业务类型，如图1-44所示。

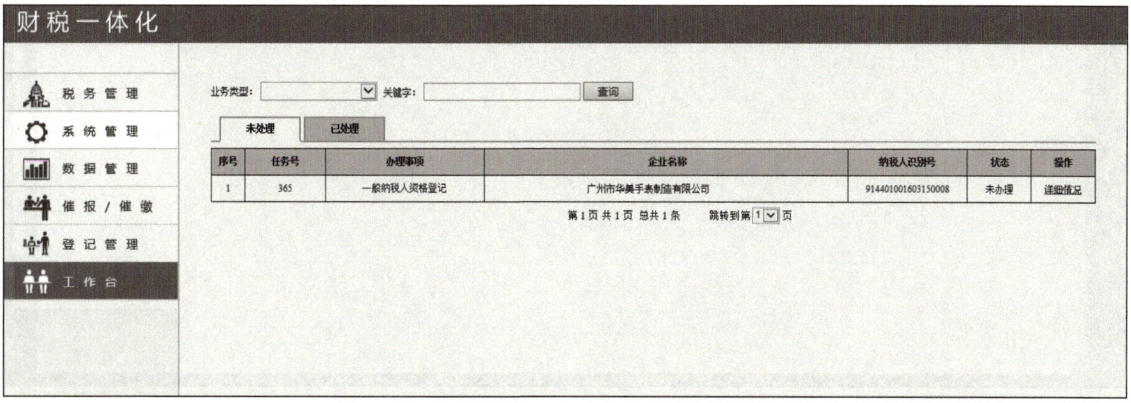

图 1-44　选择业务类型

单击"操作 详细情况"，进入申请信息查看页面。单击"资料审阅"，浏览并审阅企业所提交资料。资料审核无误，并将申请信息区中带"*"的必填信息补充完整，单击"保存"，确认登记。单击"结办事员"，完成办理。如图1-45所示。

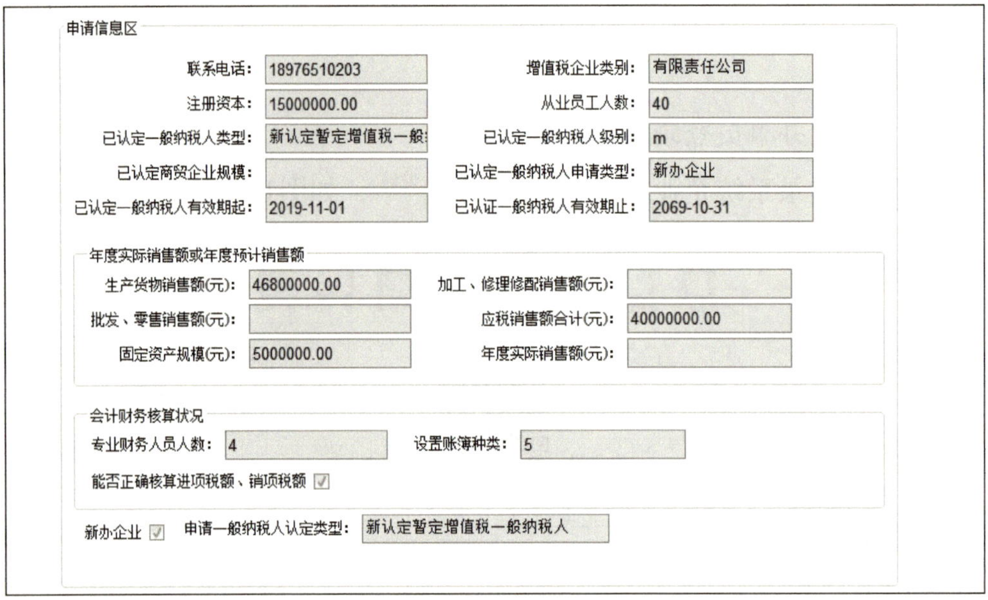

图 1-45　一般纳税人资格登记信息填写及保存

确认完成办理后，单击【系统管理】→【企业资料管理】，进入企业资料管理页面，如图1-46所示。

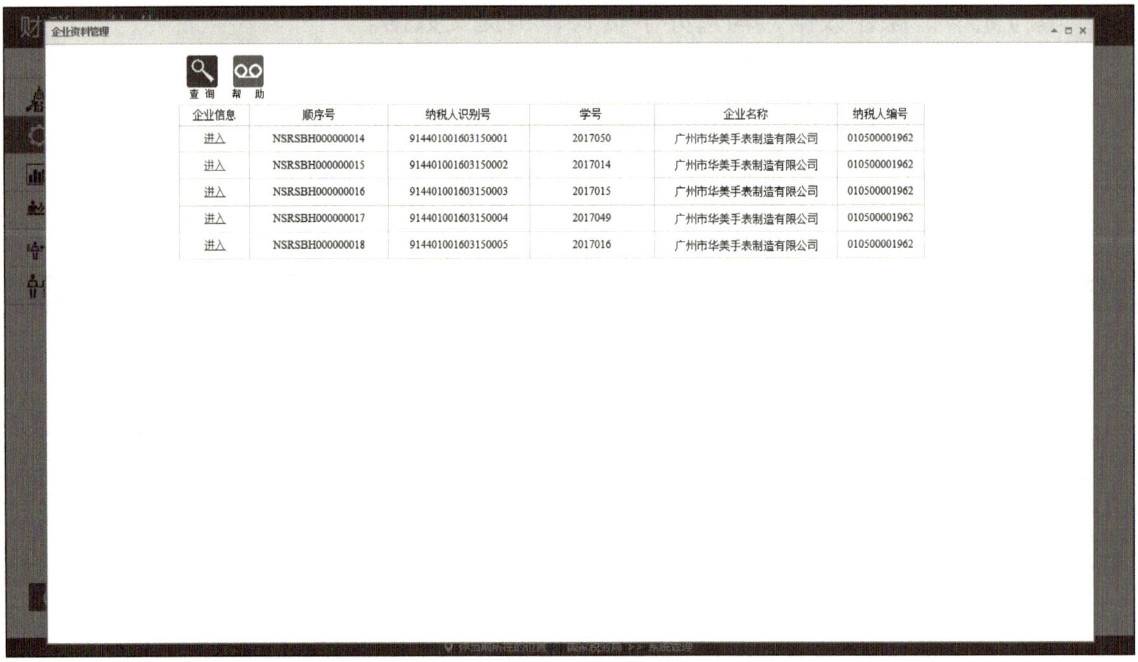

图 1-46　企业资料管理页面

单击【编辑】将增值税类型修改为“一般纳税人”，初始化日期改为“2019/11/1”，修改后，单击【保存】→【结束初始化日期】，如图1-47所示。

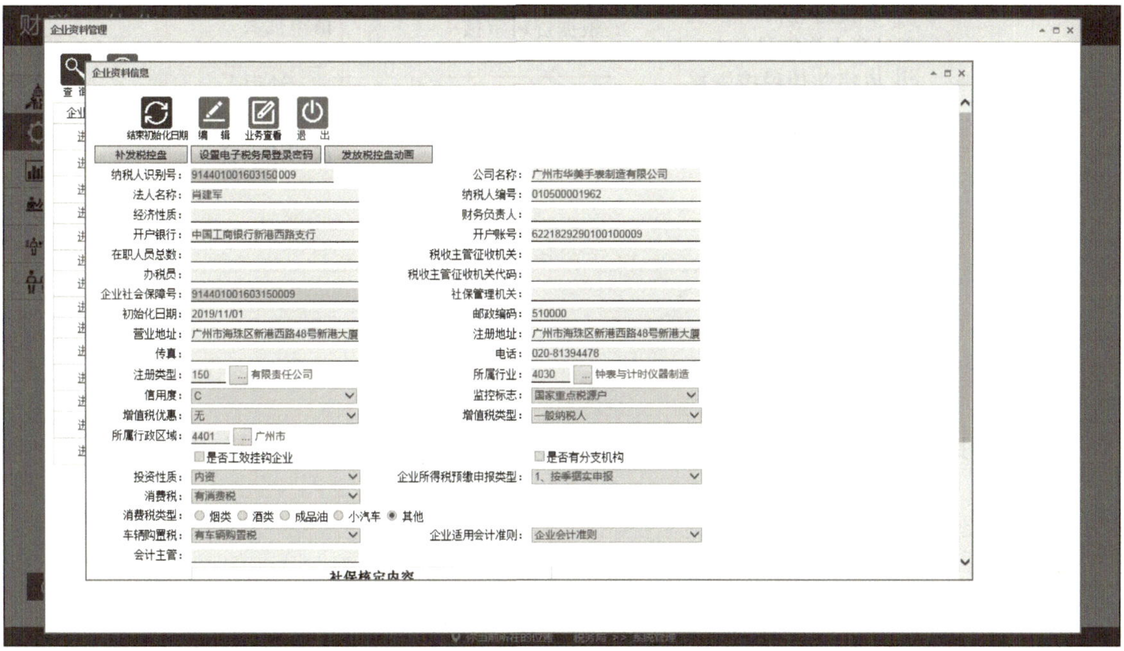

图 1-47　修改企业资料信息

实训结束。

实训八　办理防伪税控认定申请

实训介绍

企业申请一般纳税人资格登记后才能办理防伪税控认定申请，申请通过后才可以采购防伪税控设备。本实训着重介绍如何办理防伪税控认定申请。

（一）企业办理防伪税控认定申请及领取申请结果所需的资料

审批通过的增值税一般纳税人资格登记表

（二）税务局需要提供的资料

防伪税控资格认定申请审批表一式三份

办理防伪税控认定申请流程如图1-48所示：

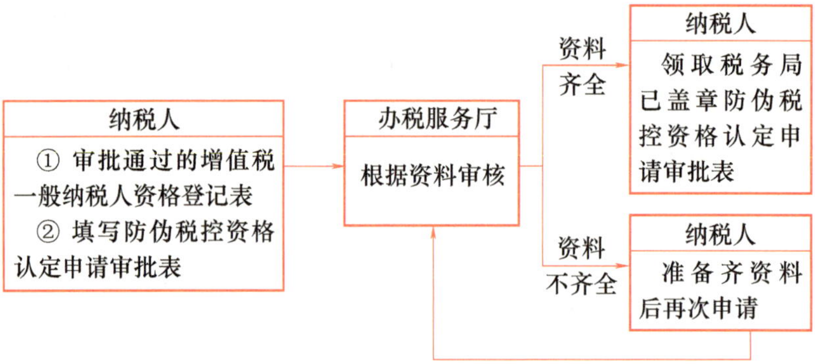

图 1-48　办理防伪税控认定申请流程

实训内容

办理领取防伪税控资格认定申请审批表需要准备及提交的资料

实训目标

1. 识记防伪税控资格认定申请审批所需的资料
2. 熟悉防伪税控资格认定申请审批的办事流程
3. 掌握防伪税控资格认定申请审批表的填写

实训过程

此业务由 A 同学扮演税务专管员和窗口工作人员，B 同学及 C 同学扮演企业办事员会计。

第一步：企业办事员登录系统。

企业办事员登录系统企业端，选择 一般纳税人资格登记表，如图1-49所示。

填写完毕，保存数据，勾选办事资料，再提交数据。

第二步：税务局柜员审阅资料。

登录系统，切换角色至税务局柜员。登录系统，单击【工作台】，根据企业办事员的业务需要选择业务类型，如图1-50所示。

单击 操作/详细情况 → 资料审阅，浏览并审阅企业所提交资料。资料审核无误，并将带“*”的必填信息补充完整，单击 保存 并进行确认，再单击 给办事员，完成办理，如图1-51所示。

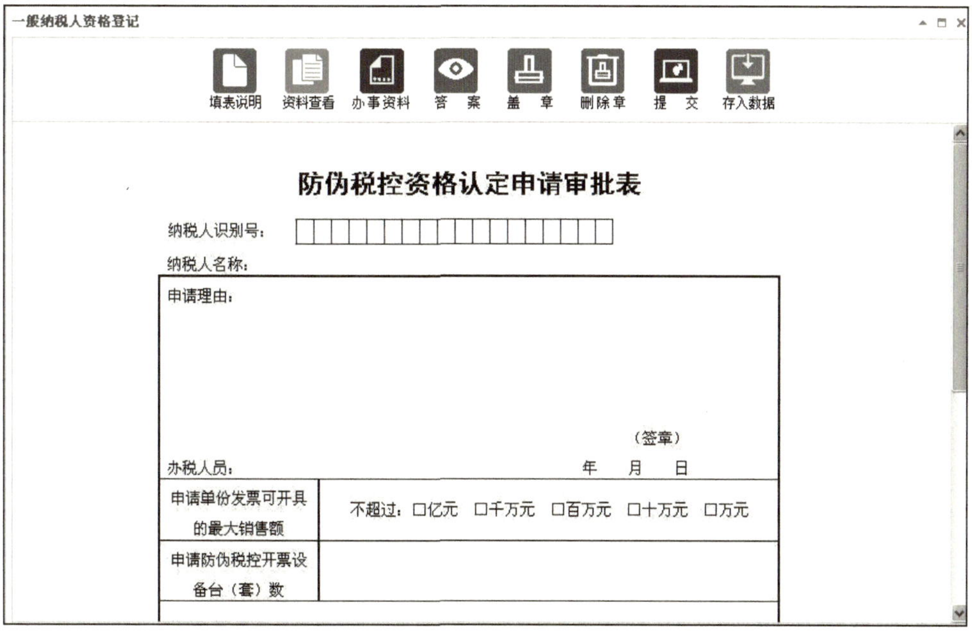

图 1-49　防伪税控资格认定申请审批表

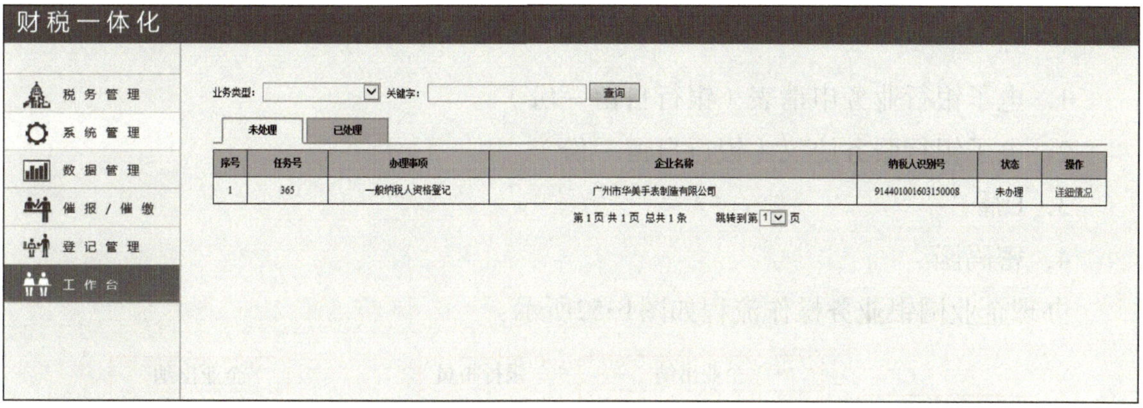

图 1-50　选择业务类型

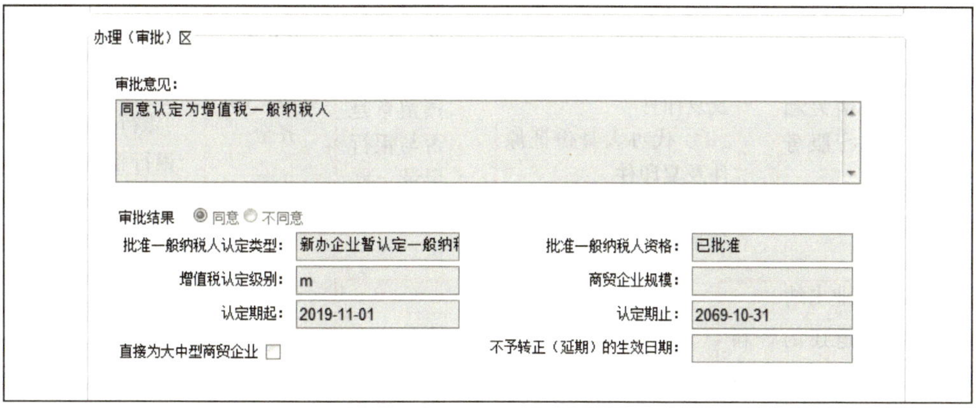

图 1-51　防伪税控资格认定申请审批

实训结束。

实训九　去银行办理企业网银

实训介绍

企业经营过程中经常会用到网上转账业务，因而要开通网上银行，本实训着重介绍企业网银的办理流程。

（一）企业办理网银业务需要的单据

1. 基本存款账户信息表复印件
2. 营业执照副本原件及复印件
3. 法人身份证原件及复印件
4. 代办人身份证原件及复印件

（二）银行需要提供的资料单据

1. 电子银行业务申请表（银行自留一份）
2. 电子银行服务协议（银行自留一份）
3. U盾
4. 密码函

办理企业网银业务操作流程如图1-52所示：

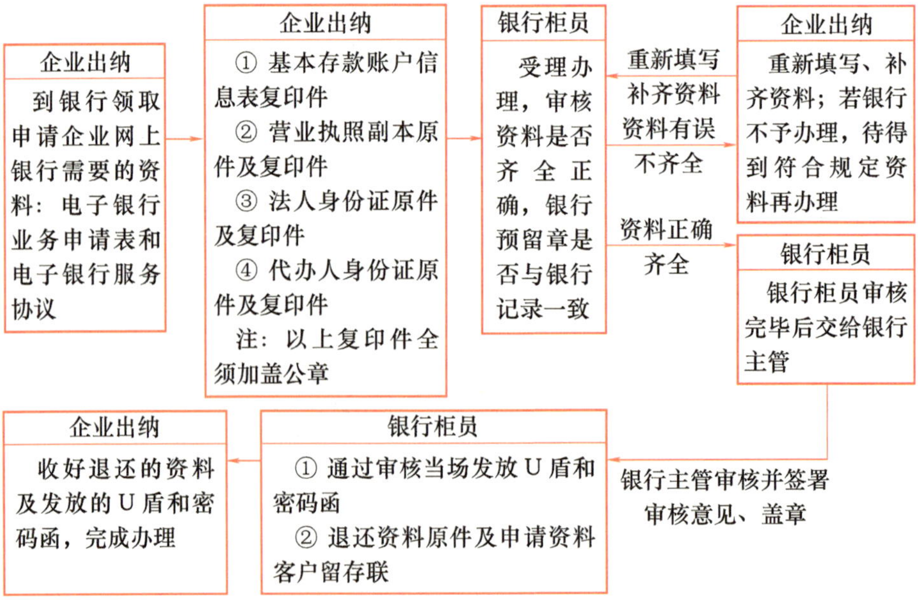

图 1-52　企业办理网银流程

实训内容

1. 填写电子银行业务申请表
2. 填写电子银行服务协议
3. 企业网银开通办理

实训目标

1. 掌握电子银行业务申请表、电子银行服务协议的填写
2. 识记开通网银所需的企业资料和银行资料
3. 熟悉开通网银的流程

实训过程

此业务由 A 同学扮演银行柜员、银行主管，B 同学及 C 同学扮演企业办事员。

第一步：企业办事员登录系统。

企业办事员登录系统企业端，选择 开通企业网银 ，如图1-53所示。

图 1-53 开通企业网银业务表单填写

填写完毕，保存数据，单击（下一页），进入其他应填写的表单页面。全部表单填写完成之后，勾选办事资料，再提交数据，完成办理。

第二步：银行柜员审阅资料。

银行柜员登录系统，单击【工作台】，根据企业办事员的业务需要选择业务类型，如图1-54所示。

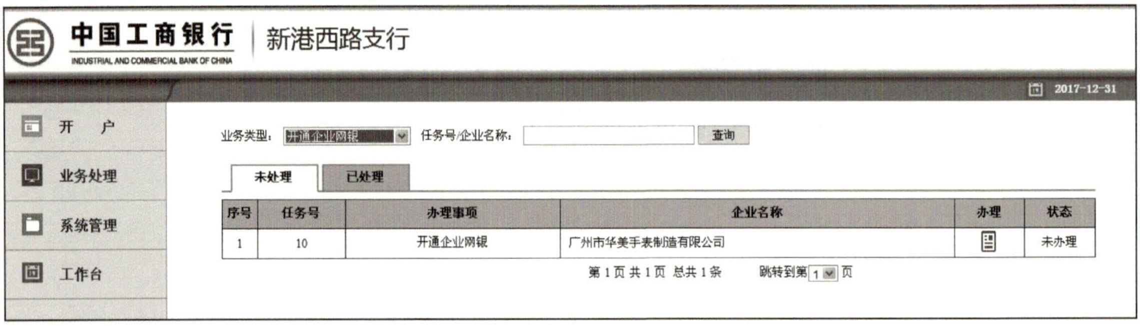

图 1-54 选择业务类型

单击（办理）→（资料审阅），浏览并审阅资料，录入信息并保存，如图1-55所示。

图 1-55 开通企业网银信息录入

第三步：办理业务。

单击（审核）→（确定），完成办理，企业档案库会自动生成管理员和操作员的密码函，如图1-56和图1-57所示。

图 1-56　开通企业网银审核页面

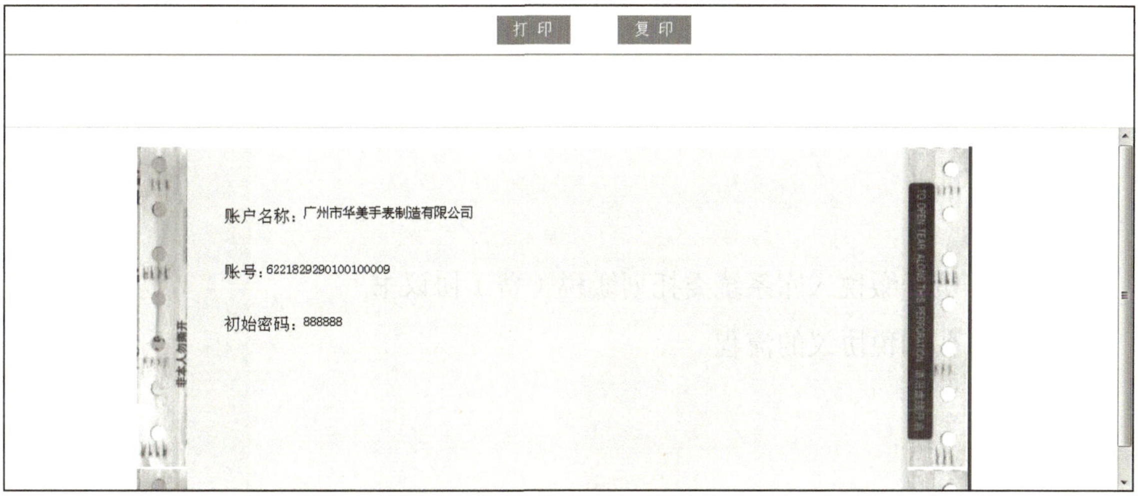

图 1-57　网银密码函

实训十　签订代扣税协议

实训介绍

企业若需要通过银行代扣税则需要与银行签订代扣税协议，本实训着重介绍代扣税协议的签订过程。

（一）企业签订代扣税协议的所需资料

1. 营业执照副本原件
2. 经办人身份证原件
3. 法人身份证复印件
4. 基本存款账户信息

（二）税局需要提供的资料

电子缴税入库系统委托划缴税（费）协议书一式三联

企业签订代扣税协议办事流程如图1-58所示：

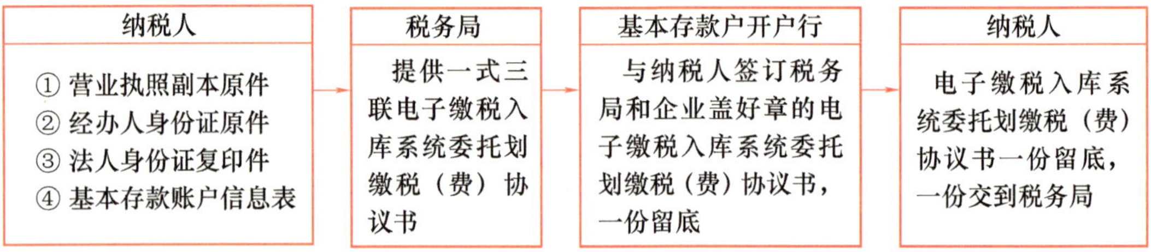

图 1-58　企业签订代扣税协议流程

实训内容

1. 填写电子缴税入库系统委托划缴税（费）协议书
2. 签订代扣税协议的流程

实训目标

1. 掌握电子缴税入库系统委托划缴税（费）协议书的填写
2. 熟悉签订代扣税协议的流程
3. 识记办理签订代扣税协议所需的资料

实训过程

此业务由 A 同学扮演工作人员，B 同学及 C 同学扮演企业办事员。

第一步：企业办事员登录系统。

企业办事员登录系统企业端，选择委托银行扣税费，如图1-59所示。

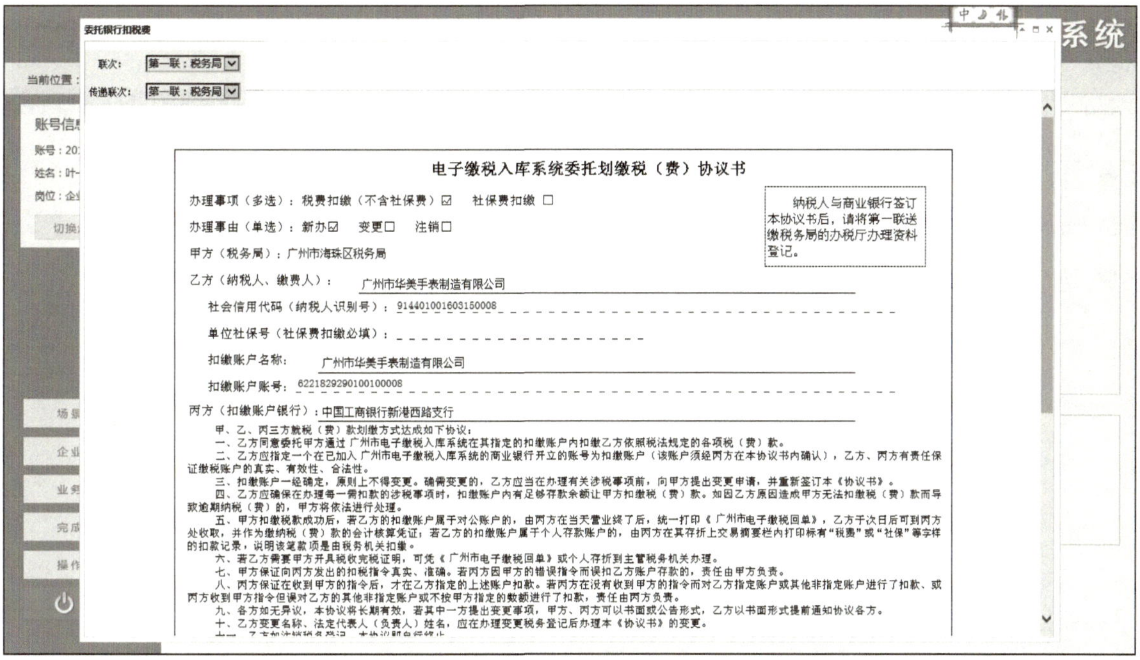

图 1-59　委托银行扣税费业务表单填写

填写完毕，保存数据，勾选办事资料，再提交数据，完成办理。

第二步：银行柜员审阅资料。

银行柜员登录系统，单击【工作台】，根据企业办事员的业务需要选择业务类型，如图1-60所示。

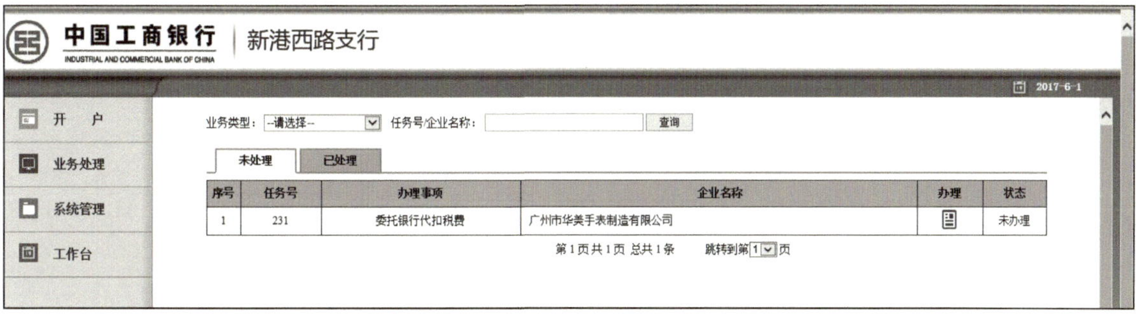

图 1-60　选择业务类型

单击办理→资料审阅，浏览并审阅资料，录入信息并保存，如图1-61所示。

第三步：办理业务。

单击审核→确定，完成办理，如图1-62所示。

图 1-61　信息录入

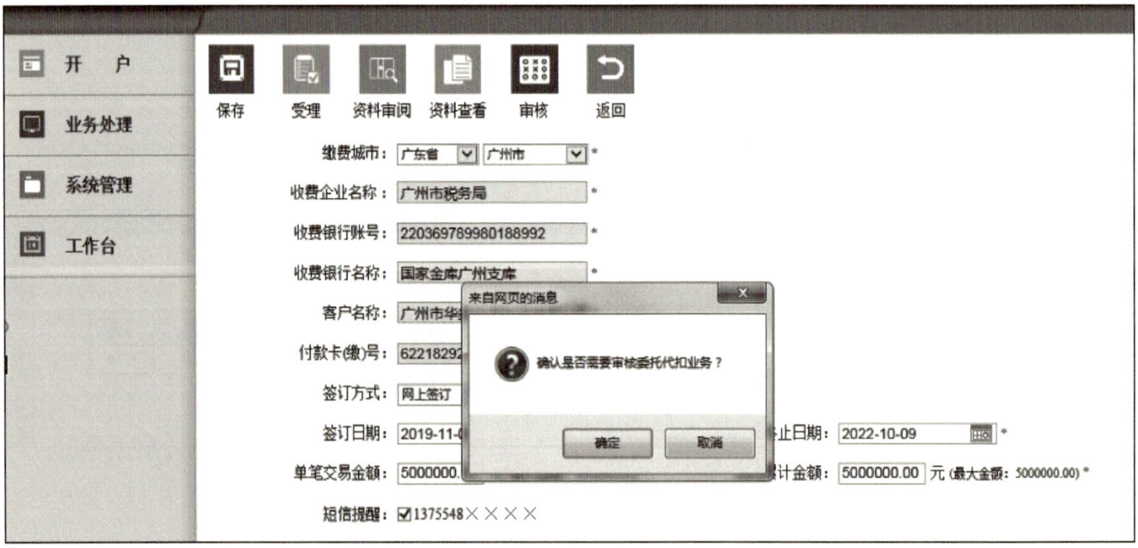

图 1-62　签订代扣税协议审核页面

实训结束。

实训十一　签订委托扣费协议

实训介绍

企业若需要通过银行扣除相关费用可以与银行、电信营业厅、南方电网、自来水公司签订委托扣费三方协议并委托银行扣费，本实训着重介绍委托扣费协议的签订过程。

（一）企业签订委托扣费协议所需的资料

1．营业执照副本原件

2．经办人身份证原件

3．基本存款账户信息表

4．法人身份证复印件

（二）电信营业厅、南方电网、自来水公司需要提供的资料

1．代扣业务三方协议（电话费）一式三份

2．代扣业务三方协议（电费）一式三份

3．代扣业务三方协议（水费）一式三份

企业/用户签订委托扣费协议办事流程如图1-63所示：

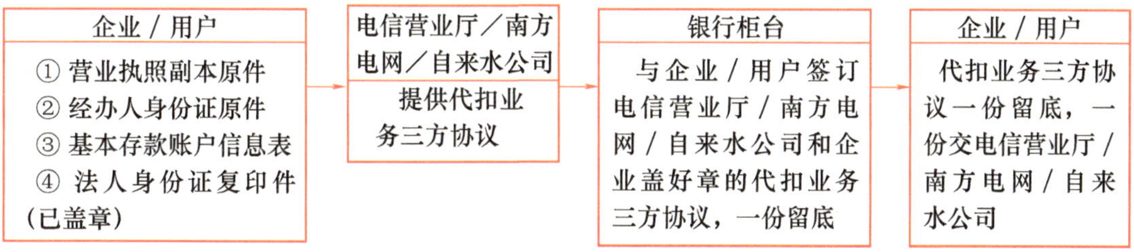

图 1-63　企业 / 用户签订委托扣费协议流程

实训内容

1．填写代扣业务三方协议

2．签订委托扣费协议的流程

实训目标

1. 掌握代扣业务三方协议的填写
2. 熟悉签订委托扣费协议的流程
3. 识记办理签订委托扣费协议所需的资料

> **注意**
> 电信营业厅、中国南方电网、自来水公司办理委托扣费业务的流程基本相同，本实训以电信营业厅办理业务为例。

实训过程

第一步：企业办事员登录系统。

企业办事员登录系统企业端，选择 委托扣款业务 ，如图1-64所示。

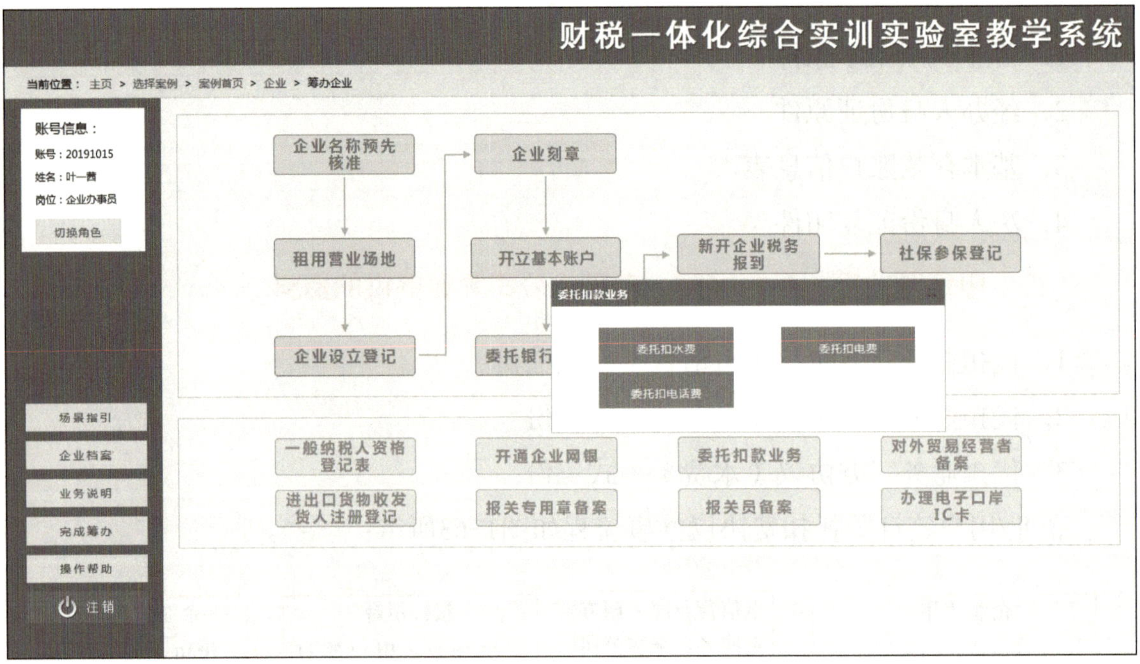

图 1-64　委托扣款业务选择

选择 委托扣电话费 ，填写相关信息，勾选办事资料，再提交数据，完成办理，如图1-65所示。

第二步：银行柜员审阅资料。

银行柜员登录系统，单击【工作台】，根据企业办事员的业务需要选择业务类型，如图1-66所示。

单击 办理 → 资料审阅，浏览并审阅资料，录入信息并保存，如图1-67所示。

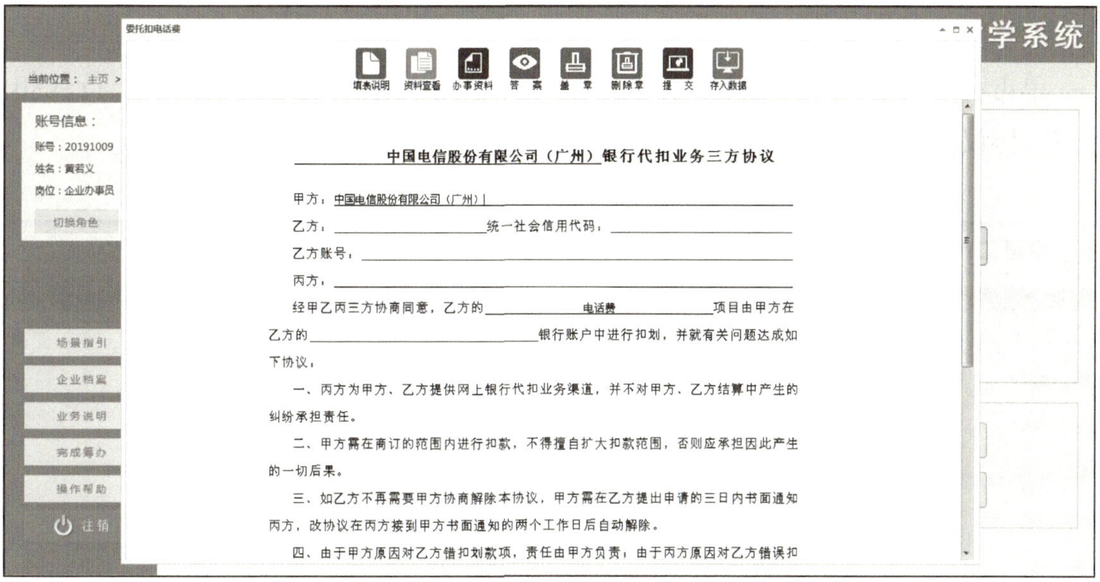

图 1-65 信息录入

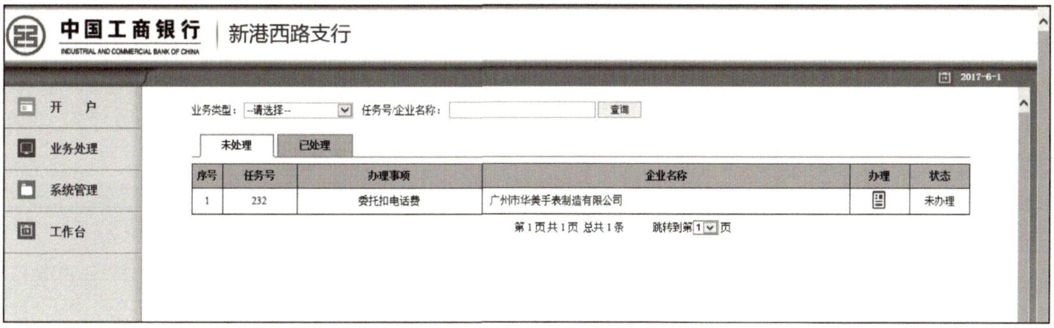

图 1-66 选择业务类型

图 1-67 信息录入

第三步：办理业务。

单击审核→确定，完成办理。企业档案库会自动生成退还给企业的银行代扣业务三方协议书，如图1-68和图1-69所示。

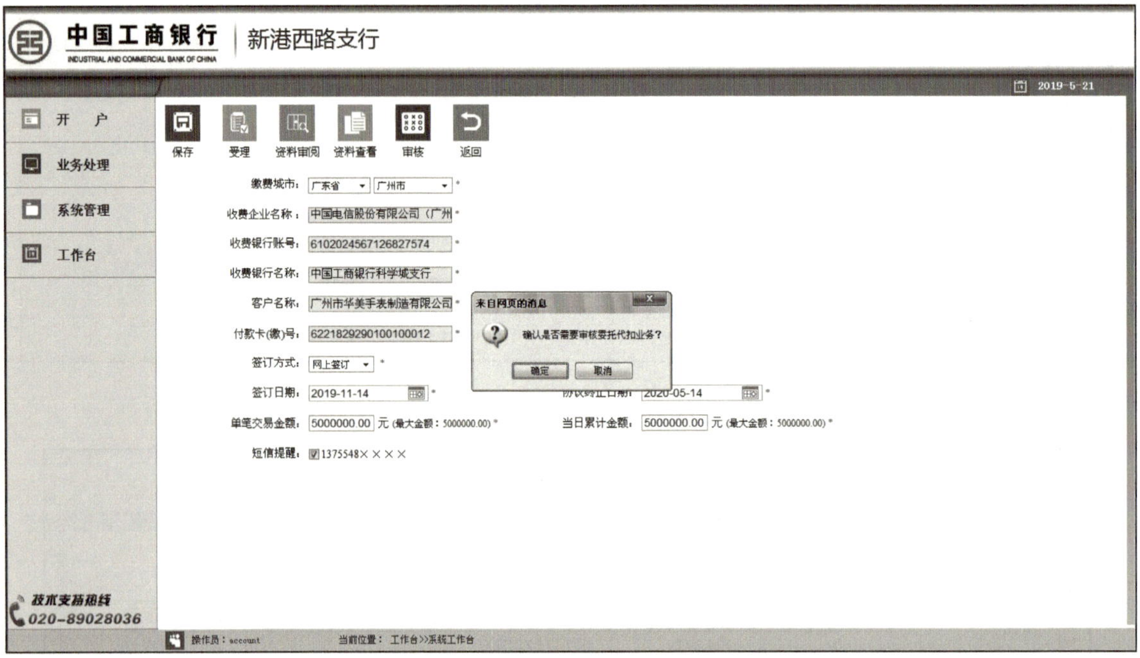

图 1-68 委托代扣电话费审核页面

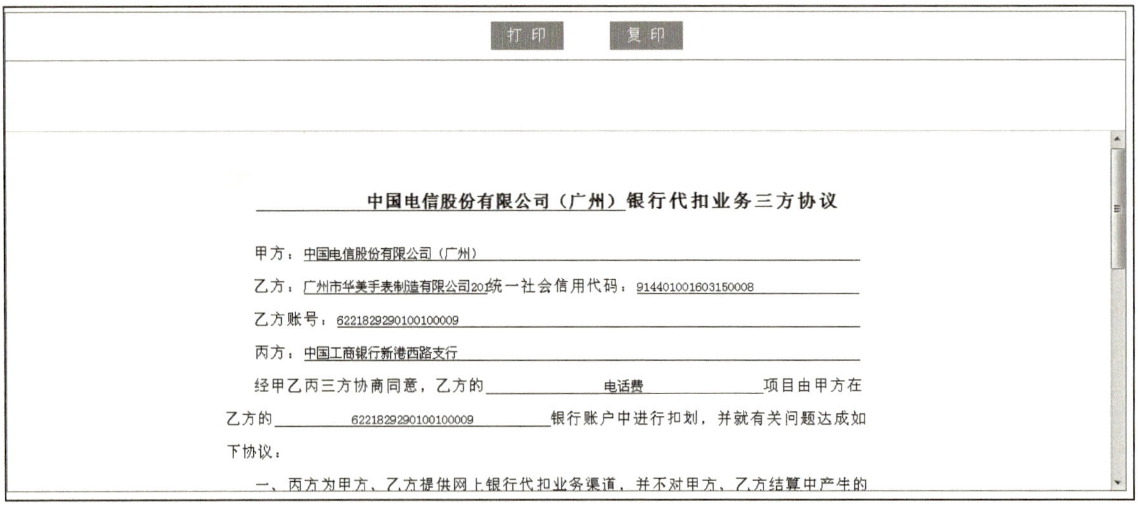

图 1-69 银行代扣业务三方协议

实训结束。

实训十二　新开企业税务报到

实训介绍

企业设立登记时领取营业执照相当于办理了税务登记，无须再去税务局办理，但是仍须去办理新开企业税务报到，本实训着重介绍新开企业税务报到的办事流程。

（一）企业办理新开企业税务报到所需的材料

1. 基本存款账户信息表
2. 已盖章委托划缴税协议书税务局留存联
3. 纳税人存款账户账号报告表（一式两份）
4. 财务会计制度及核算软件备案报告书（一式两份）

（二）税务局需要提供的资料

税务事项通知书

新开企业税务报到办事流程如图1-70所示：

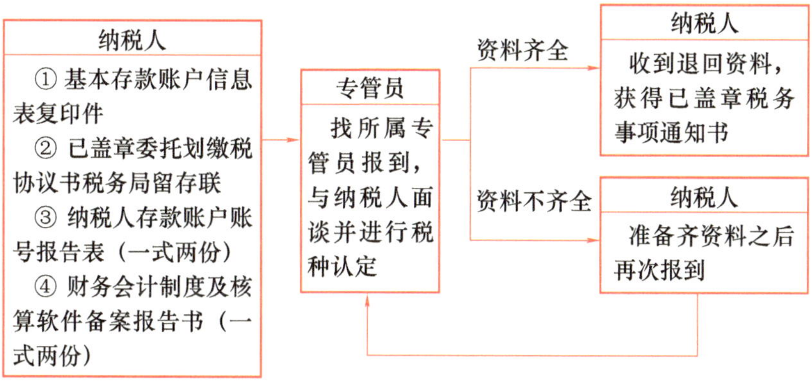

图1-70　办理新开企业税务报到流程

实训内容

1. 填写纳税人存款账户账号报告表、财务会计制度及核算软件备案报告书
2. 领取税务事项通知书

实训目标

1. 掌握纳税人存款账户账号报告表、财务会计制度及核算软件备案报告书的填写

2. 识记办理新开企业税务报到所需资料

3. 熟悉新开企业税务报到的办事流程

实训过程

此业务由 A 同学扮演税务专管员，B 同学及 C 同学扮演企业办事员（会计）。

第一步：填写纳税人存款账户账号报告表、财务会计制度及核算软件备案报告书并提交资料。

企业办事员单击 新开企业税务报到 ，如图1-71所示。填写纳税人存款账户账号报告表、财务会计制度及核算软件备案报告书并保存，勾选办事资料并提交数据。

图 1-71　新开企业税务报到业务表单填写

第二步：税务局柜员审核企业新开税务报到资料并进行税种认定。

切换角色至税务局柜员，登录系统，选择 工作台 ，根据企业办事员的业务需要选择业务类型，如图1-72所示。

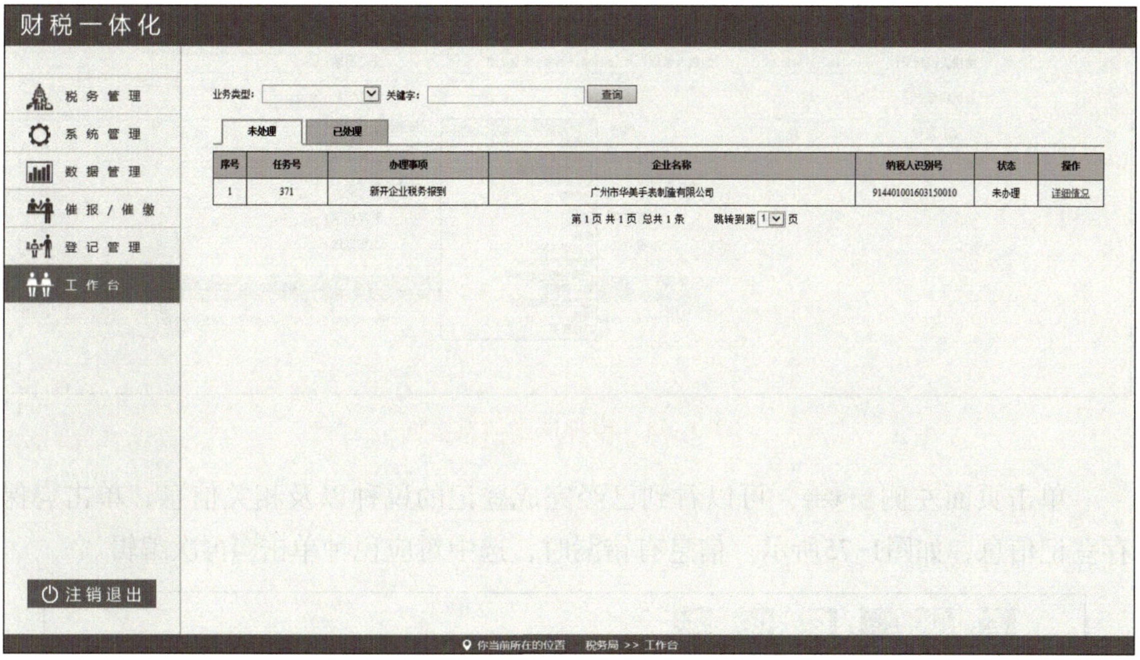

图 1-72 选择业务类型

找到所属企业，单击详细情况，如图1-73所示。单击资料审阅，浏览并审阅企业提交的资料。资料审核无误后，单击编辑，进入税种核定信息页面，如图1-74所示。根据已审阅的资料，把相关税种需要登记的信息补充完整并保存信息。

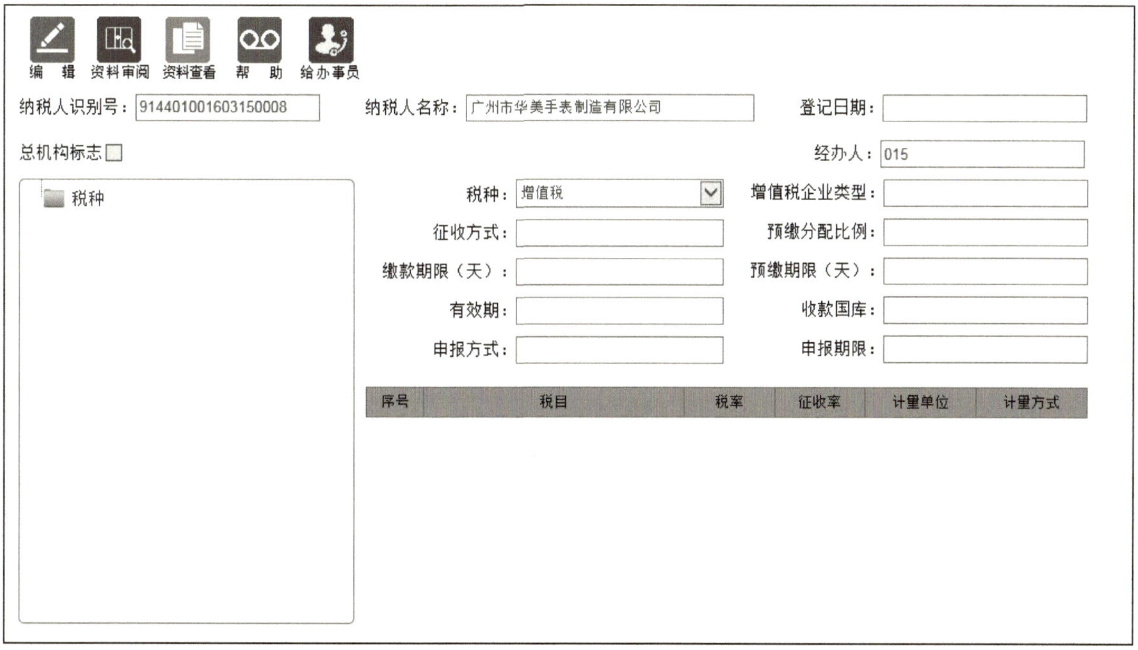

图 1-73 信息录入

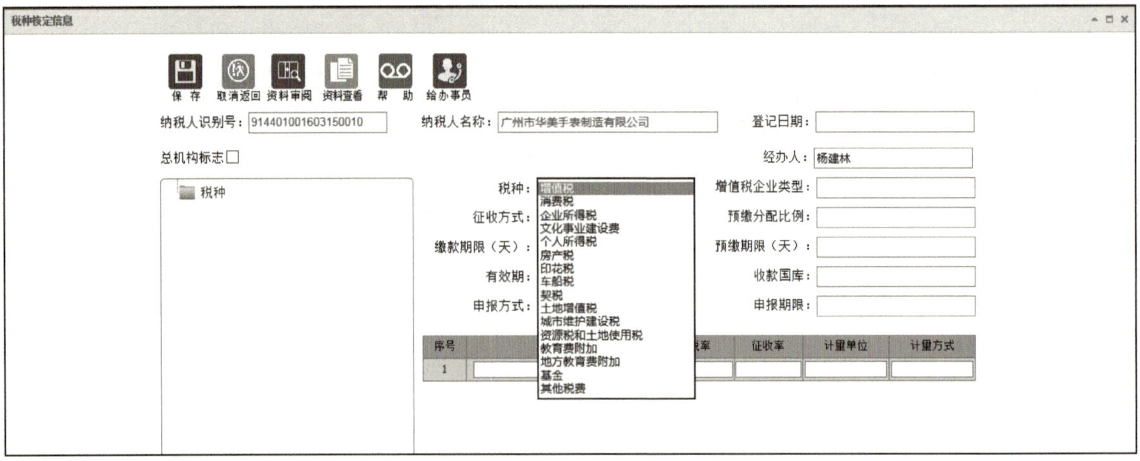

图 1-74　税种核定信息页面

单击页面左侧 税种，可以看到已经完成登记的税种以及相关信息，单击 保存登记信息，如图1-75所示。信息有错漏时，选中对应税种单击 再次编辑。

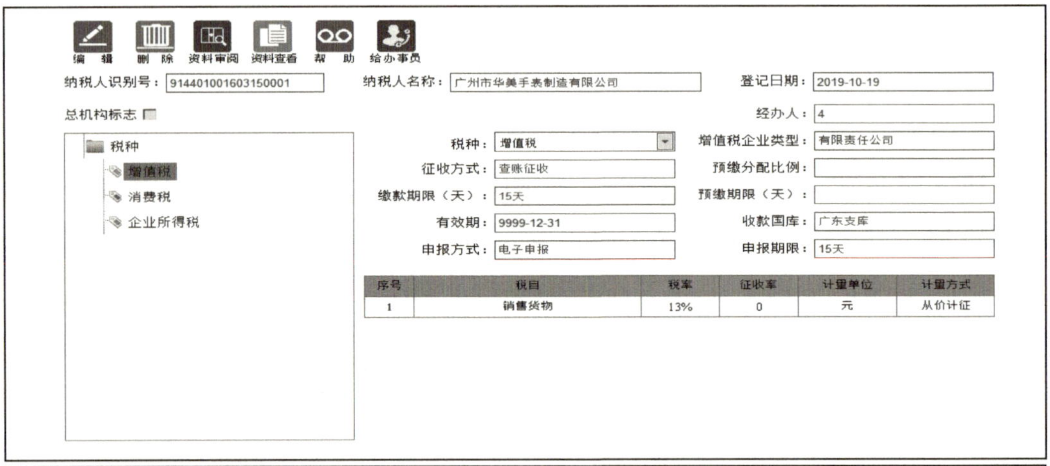

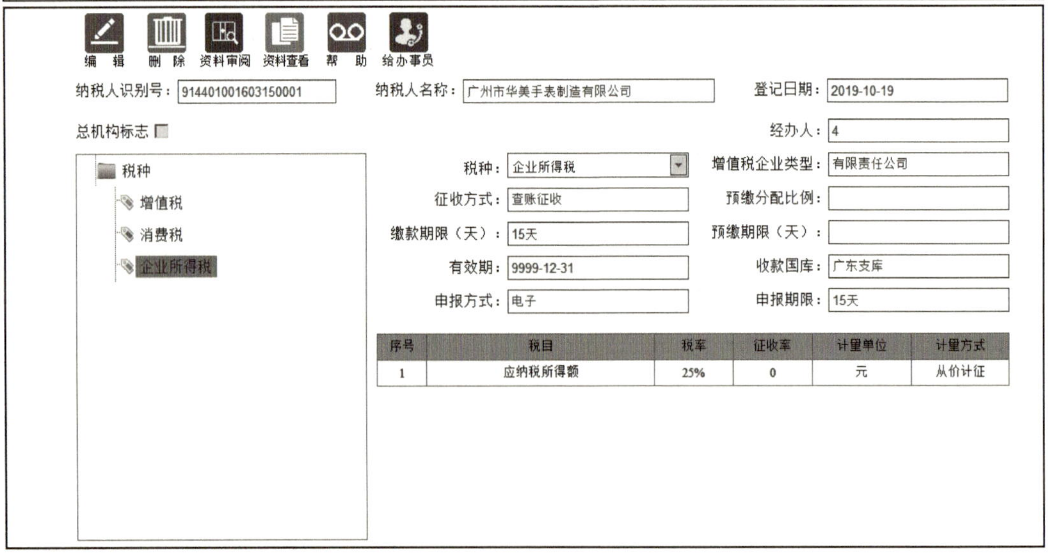

图 1-75　登记信息查看

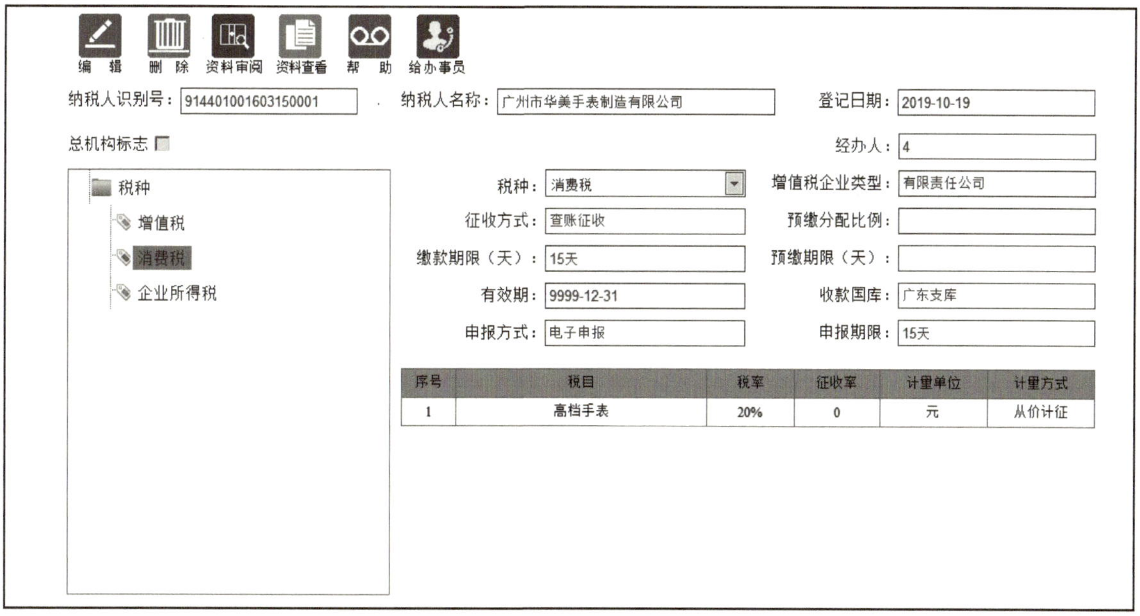

图 1-75 登记信息查看（续）

第三步：发放税务事项通知书。

完成税种登记备案之后，单击，发放税务事项通知书，完成税种登记备案。此时企业档案库会自动生成税务事项通知书，如图1-76所示。

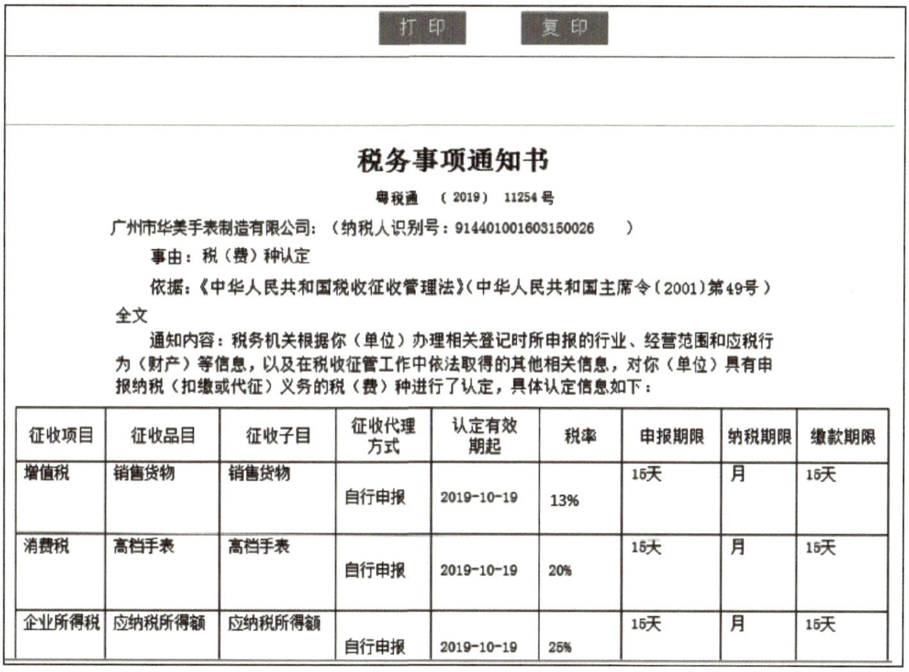
打 印　复 印

税务事项通知书

粤税通 （2019） 11254 号

广州市华美手表制造有限公司：（纳税人识别号：914401001603150026 ）

事由：税（费）种认定

依据：《中华人民共和国税收征收管理法》（中华人民共和国主席令〔2001〕第49号）

全文

通知内容：税务机关根据你（单位）办理相关登记时所申报的行业、经营范围和应税行为（财产）等信息，以及在税收征管工作中依法取得的其他相关信息，对你（单位）具有申报纳税（扣缴或代征）义务的税（费）种进行了认定，具体认定信息如下：

征收项目	征收品目	征收子目	征收代理方式	认定有效期起	税率	申报期限	纳税期限	缴款期限
增值税	销售货物	销售货物	自行申报	2019-10-19	13%	15天	月	15天
消费税	高档手表	高档手表	自行申报	2019-10-19	20%	15天	月	15天
企业所得税	应纳税所得额	应纳税所得额	自行申报	2019-10-19	25%	15天	月	15天

图 1-76 税务事项通知书

第四步：核定领用发票。

在系统管理页面单击【企业资料管理】→【查询企业】→【发放税控盘】→

【结束初始化日期】，之后选择【税务管理】→【一般纳税人发票管理】→【核定领用发票】，进入核定发票页面，如图1-77所示。

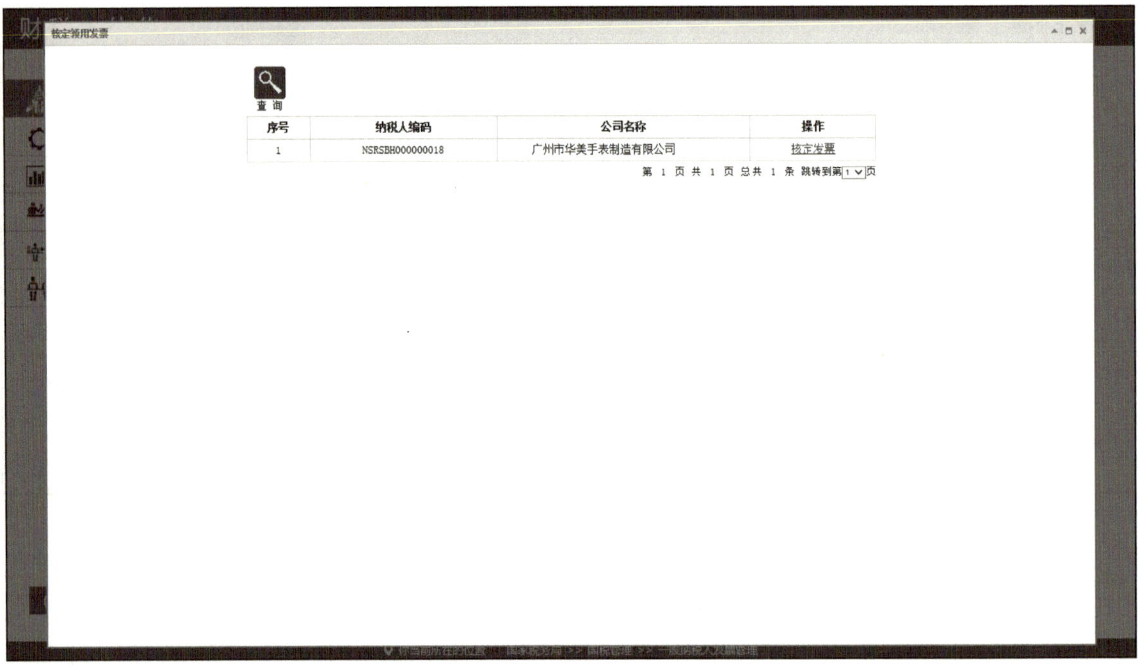

图 1-77　核定发票页面

单击核定发票，输入相关信息后（增值税普通发票默认领购数量为1本，增值税专用发票默认领购数量为15份，增值税普通发票和专用发票开票机限额都默认为“7=仟万圆”），单击【保存】即可，如图1-78所示。发票票种核定及领用演示见视频1-6和视频1-7。

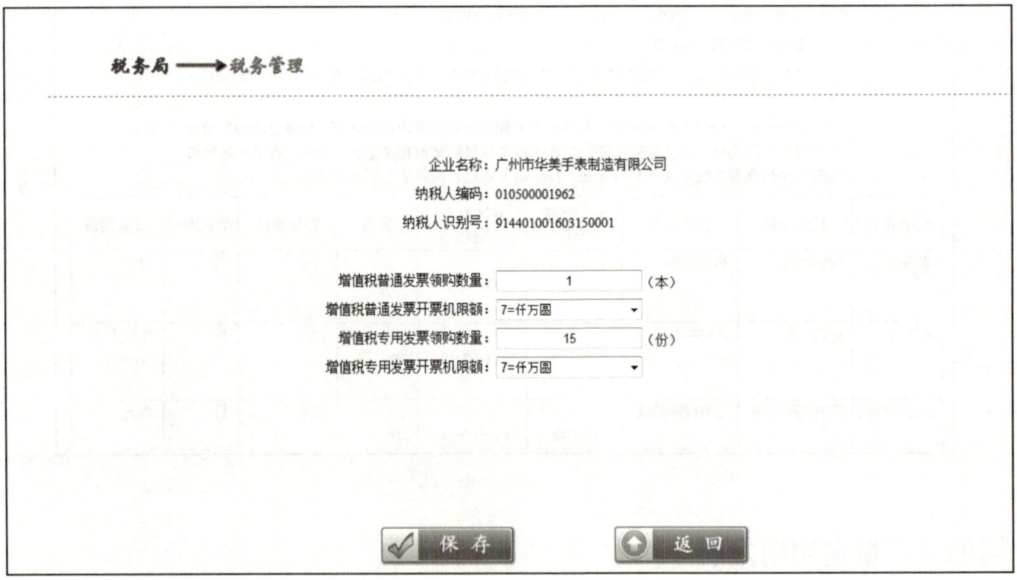

图 1-78　核定领用发票

视频 1-6　发票票种核定　　　　视频 1-7　发票领用

实训结束。

实训十三　去海关办理进出口货物收发货人报关注册登记

实训介绍

进出口货物收发货人去海关办理注册登记、报关专用章海关备案及电子口岸IC卡，本实训着重介绍如何办理进出口货物收发货人报关注册登记。

（一）企业办理进出口货物收发货人报关注册登记所需的资料

1. 营业执照副本原件及复印件
2. 对外贸易经营者备案登记表复印件
3. 法人身份证复印件及经办人身份证复印件
4. 报关单位情况登记表

（二）海关办事处提供的资料

中华人民共和国海关进出口货物收发货人报关注册登记证书

进出口货物收发货人报关注册登记的办理流程如图1-79所示：

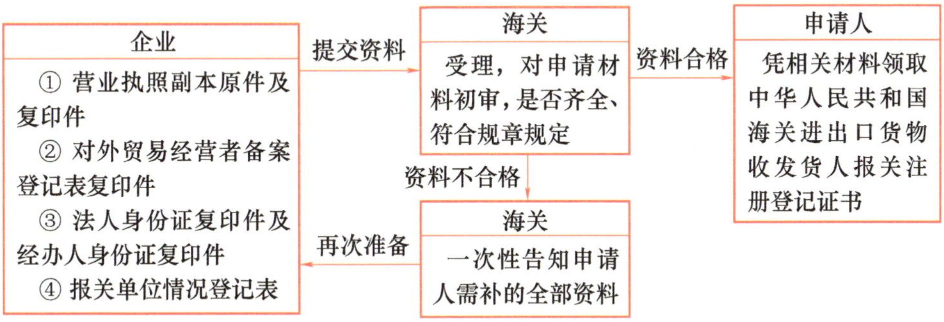

图 1-79　办理进出口货物收发货人报关注册登记流程

实训内容

1. 填写报关单位情况登记表

2．办理进出口货物收发货人报关注册登记

实训目标

1．掌握报关单位情况登记表的填写
2．识记进出口货物收发货人办理报关注册登记所需的资料
3．熟悉进出口货物收发货人办理报关注册登记的办事流程

实训过程

此业务由A同学扮演海关工作人员，B同学及C同学扮演企业办事员（报关员）。

第一步：填写《报关单位情况登记表》。

企业办事员登录系统企业端，选择“进出口货物收发货人报关注册登记”，如图1-80所示。填写《报关单位情况登记表》并保存数据，全部表单完成之后，勾选办事资料，再提交数据，完成办理。

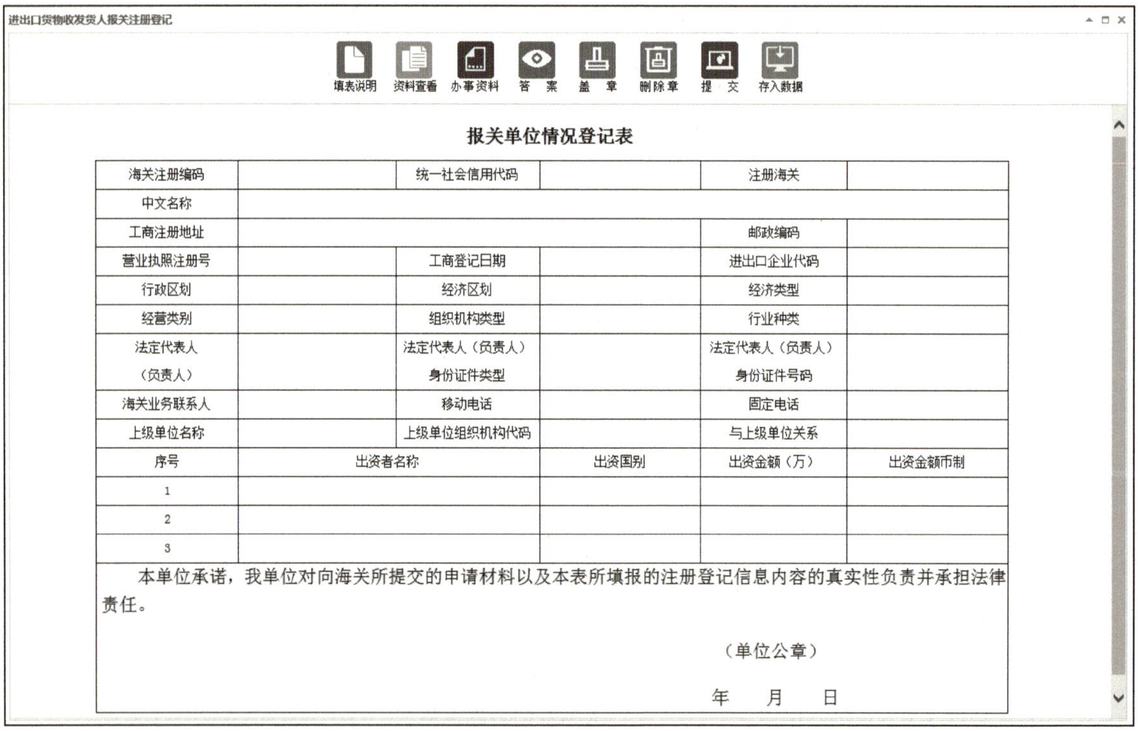

报关单位情况登记表

海关注册编码		统一社会信用代码		注册海关	
中文名称					
工商注册地址				邮政编码	
营业执照注册号		工商登记日期		进出口企业代码	
行政区划		经济区划		经济类型	
经营类别		组织机构类型		行业种类	
法定代表人（负责人）		法定代表人（负责人）身份证件类型		法定代表人（负责人）身份证件号码	
海关业务联系人		移动电话		固定电话	
上级单位名称		上级单位组织机构代码		与上级单位关系	
序号	出资者名称		出资国别	出资金额（万）	出资金额币制
1					
2					
3					

本单位承诺，我单位对向海关所提交的申请材料以及本表所填报的注册登记信息内容的真实性负责并承担法律责任。

（单位公章）

年 月 日

图1-80 报关单位情况登记表

第二步：发放中华人民共和国海关进出口货物收发货人报关注册登记证书。

表单提交后，系统自动处理。将中华人民共和国海关进出口货物收发货人报关注册登记证书发放到企业档案中，如图1-81所示。

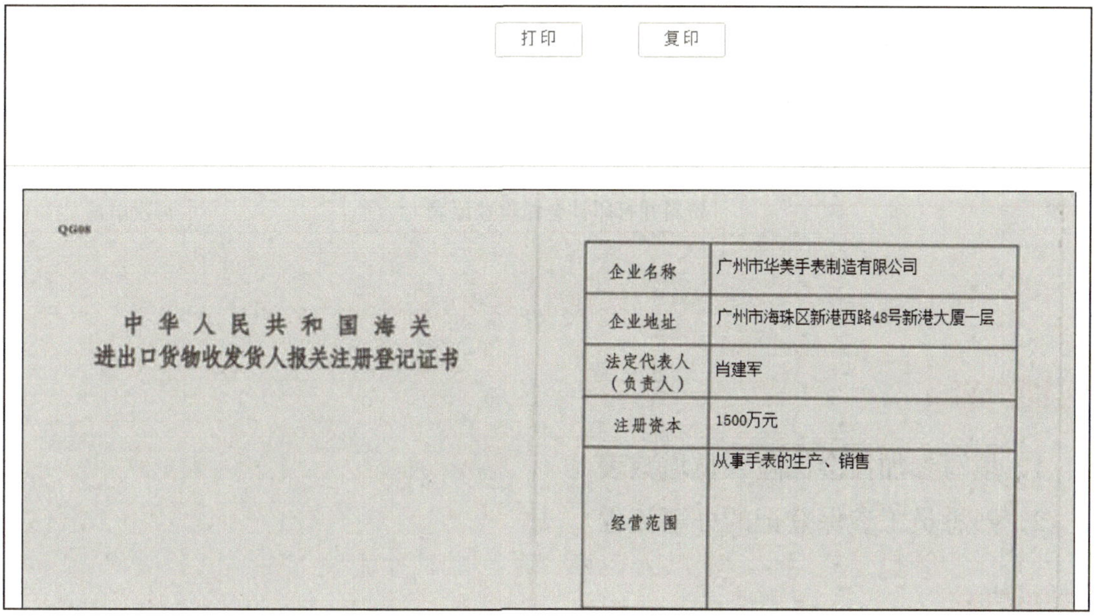
打印 复印

QG08

中华人民共和国海关
进出口货物收发货人报关注册登记证书

企业名称	广州市华美手表制造有限公司
企业地址	广州市海珠区新港西路48号新港大厦一层
法定代表人（负责人）	肖建军
注册资本	1500万元
经营范围	从事手表的生产、销售

图 1-81　中华人民共和国海关进出口货物收发货人报关注册登记证书

实训结束。

实训十四　参保登记——员工参保登记（人力资源及社会保障局）

实训介绍

具有“五证合一”营业执照的企业在产生用工后30日内，依法及时到社会保险经办机构为职工办理参保登记手续。本实训着重介绍企业办理参保登记——员工参保登记的办事流程。

（一）企业办理参保登记——员工参保登记所需的资料

1. 参保人员身份证复印件一份
2. 经办人身份证原件
3. 参加社会保险人员增减表

（二）人社局需要提供的资料

盖章确认的社会保险登记表

员工参保登记办事流程如图1-82所示：

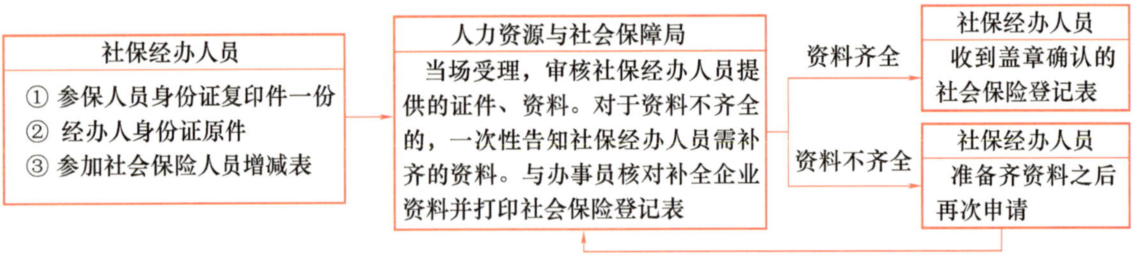

图 1-82　办理员工参保登记流程

实训内容

1. 填写参加社会保险人员增减表
2. 熟悉员工参保登记的办事流程

实训目标

1. 掌握《参加社会保险人员增减表》的填写
2. 熟悉员工参保登记办事流程
3. 识记办理员工参保登记所需的资料

实训过程

第一步：填写参加社会保险人员增减表等表单并提交资料。

企业办事员登录系统企业端，单击 社保参保登记 ，填写参加社会保险人员增减表，勾选办事资料，保存并提交数据。如图1-83所示。

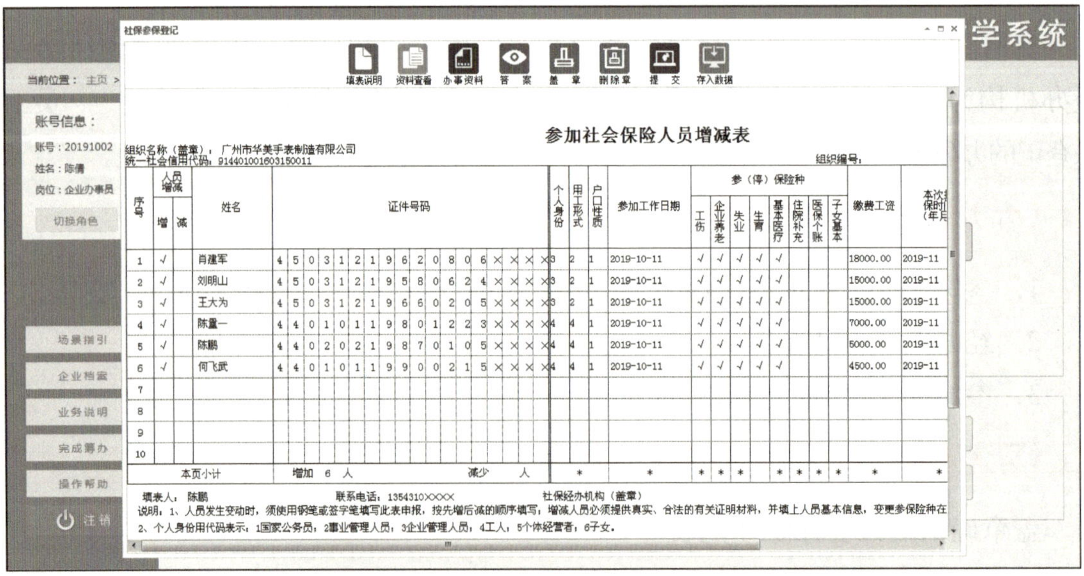

参加社会保险人员增减表

组织名称（盖章）：广州市华美手表制造有限公司
统一社会信用代码：914401001603150011
组织编号：

序号	人员增减：增	人员增减：减	姓名	证件号码	个人身份	用工形式	户口性质	参加工作日期	参（停）保险种：工伤	企业养老	失业	生育	基本医疗	住院补充	医保个账	子女基本	缴费工资	本次参保时间（年月）
1	√		肖建军	45031219620806××××	3	2	1	2019-10-11	√	√	√	√	√				18000.00	2019-11
2	√		刘明山	45031219580624××××	3	2	1	2019-10-11	√	√	√	√	√				15000.00	2019-11
3	√		王大为	45031219660205××××	3	2	1	2019-10-11	√	√	√	√	√				15000.00	2019-11
4	√		陈量一	44010119801223××××	4	4	1	2019-10-11	√	√	√	√	√				7000.00	2019-11
5	√		陈鹏	44020219870105××××	4	4	1	2019-10-11	√	√	√	√	√				5000.00	2019-11
6	√		何飞武	44010119900215××××	4	4	1	2019-10-11	√	√	√	√	√				4500.00	2019-11
7																		
8																		
9																		
10																		
本页小计				增加 6 人　减少 人	*			*	*	*	*		*	*	*	*	*	*

填表人：陈鹏　　联系电话：1354310××××　　社保经办机构（盖章）

说明：1、人员发生变动时，须使用钢笔或签字笔填写此表申报，按先增后减的顺序填写，增减人员必须提供真实、合法的有关证明材料，并填上人员基本信息，变更参保险种在

2、个人身份用代码表示：1国家公务员，2事业管理人员，3企业管理人员，4工人，5个体经营者，6子女。

图 1-83　参加社会保险人员增减表填写

第二步：人社局柜员审阅资料。

切换角色至人社局柜员，登录人力资源与社会保障局系统（账号：admin，密码：admin）单击工作台，如图1-84所示。

图 1-84　人社局系统工作台

找到所属企业，单击详细情况，如图1-85所示。

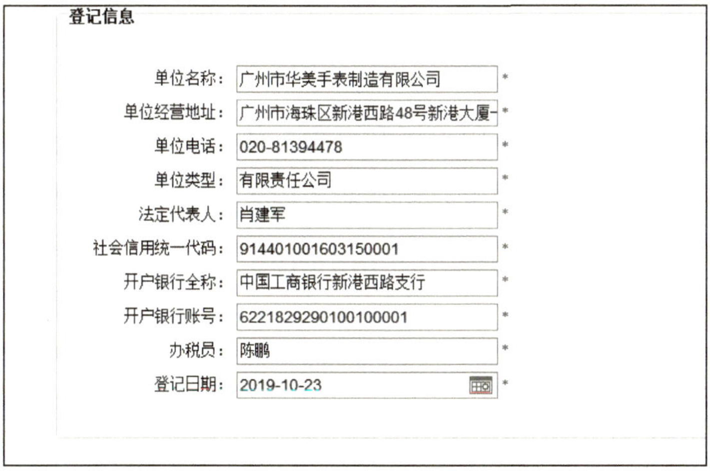

图 1-85　社保登记信息页面

注意

每个企业的开户银行账号都是不一样的，可以使用银行柜员权限进入系统查找基本存款账户账号，会自动弹出社会信用统一代码。

单击资料审阅，浏览并审阅企业提交的资料。资料审核无误，在参加社会保险人员增减表上补充人社局应填信息并加盖人社局业务章，保存数据。单击审核→编辑，进入社保登记编辑页面，根据已审核的资料，把相关信息补充完整，单击保存，保存信息，再单击，完成办理。盖章打印的社会保险登记表会自动发到企业档案库，如图1-86所示。

图 1-86　盖章打印的社会保险登记表

实训结束。

实训十五　参保登记——缴费登记与险种核定（税务局）

实训介绍

具有“五证合一”营业执照的企业在产生用工后30日内，依法及时到社会保险经办机构为职工办理参保登记手续。本实训着重介绍企业去税务局进行缴费登记与险种核定的办事流程。

（一）企业办理参保缴费登记所需的资料

营业执照副本原件

社保缴费项目核定通知书

（二）税务局需要提供的资料

委托划缴税（费）协议书

参保缴费登记办事流程如图1-87所示：

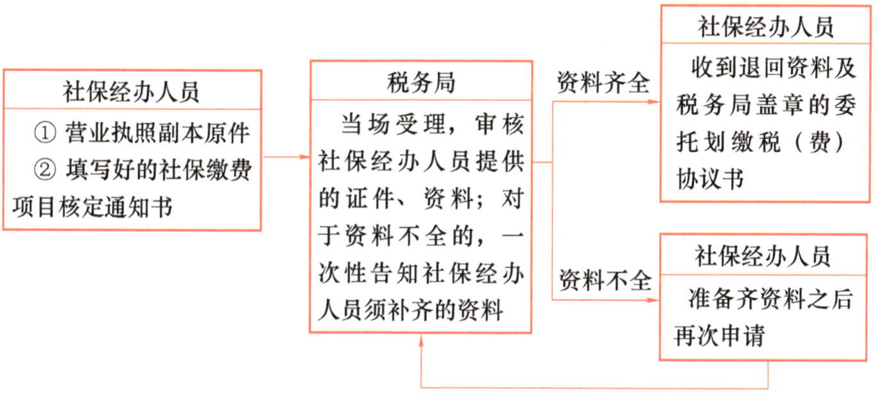

图 1-87　办理参保缴费登记流程

实训内容

1. 填写社保缴费项目核定通知书
2. 参保缴费登记与险种核定办事流程

实训目标

1. 掌握社保缴费项目核定通知书的填写
2. 熟悉参保缴费登记与险种核定办事流程
3. 识记办理参保缴费登记所需的资料

实训过程

此业务由 A 同学扮演税务局柜员，B 同学及 C 同学扮演社保经办人员。演示视频见视频 1-8。

视频 1-8　社保缴费登记与核定

第一步：填写社保缴费项目核定通知书并提交资料。

企业办事员单击 社保参保登记 ，填写社保缴费项目核定通知书并加盖公章，勾选办事资料，保存并提交资料，如图1-88所示。

第二步：税务局柜员审阅资料。

切换角色至税务局柜员，登录税务系统，选择 工作台 ，找到所属企业，单击详细情况，如图1-89所示。税务局柜员查看资料是否提交齐全，并对资料进行审核。资料合格，将社保缴费项目核定通知书中税务机关填写的内容补充完整并加盖公章，保存数据，不合格则将资料退回。

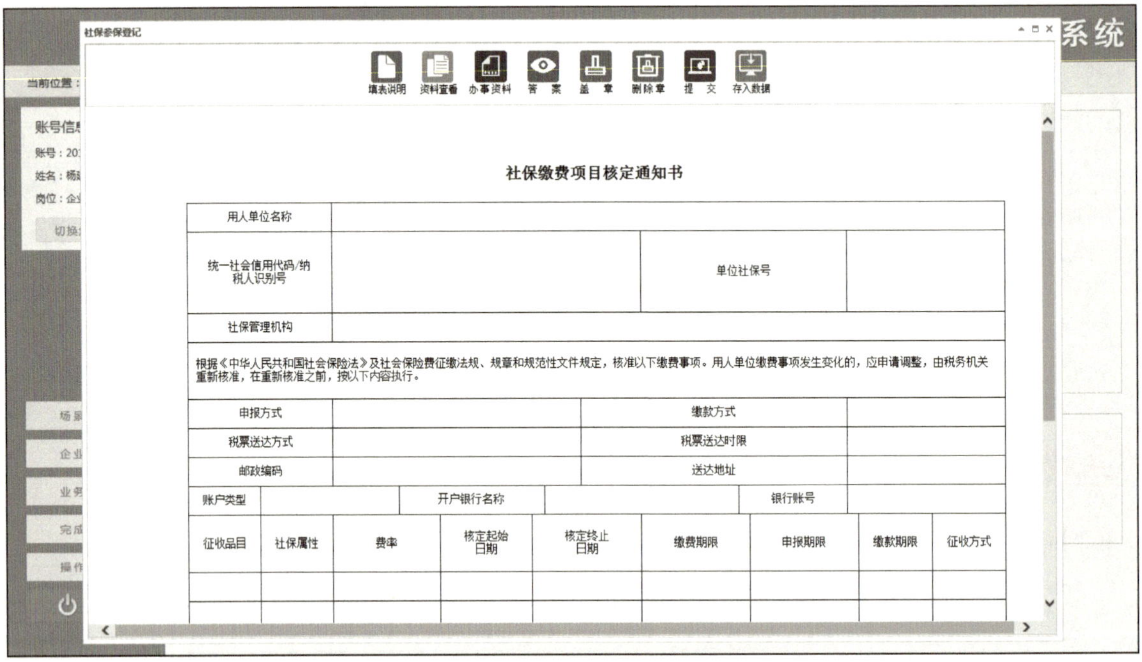

图 1-88　社保缴费项目核定通知书填写

图 1-89　信息录入

信息补充完整后，单击保存，如图1-90所示。

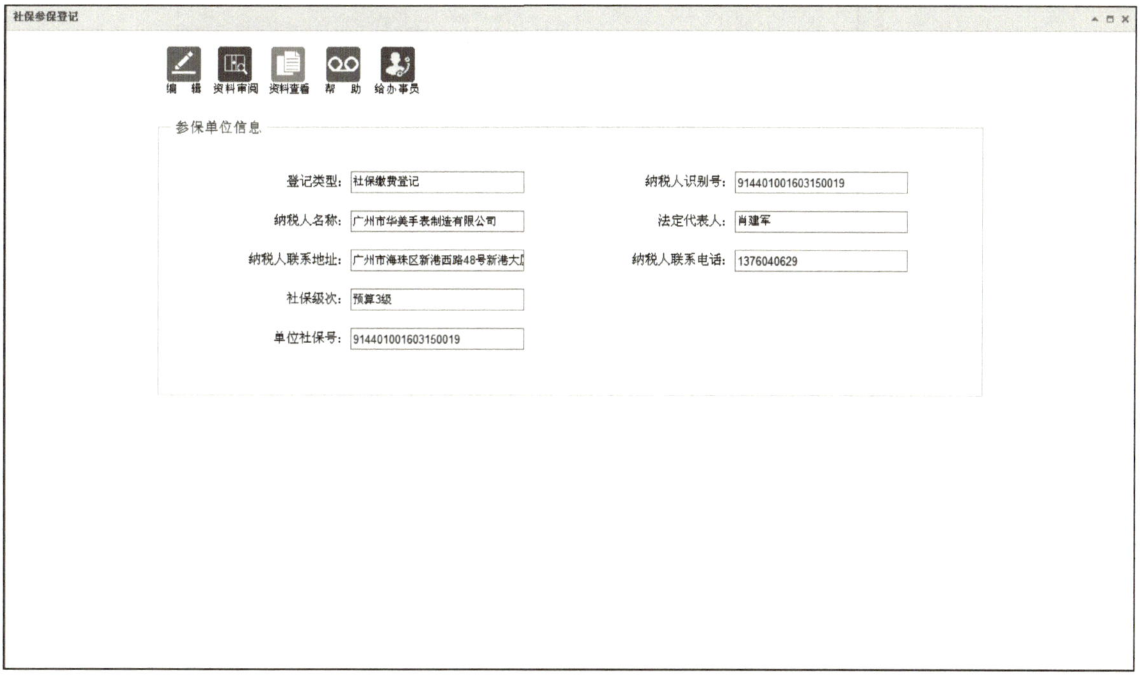

图 1-90　信息保存

单击给办事员确定完成办理。已盖章审核的社会保险登记表会自动发到企业档案库，如图1-91和图1-92所示。

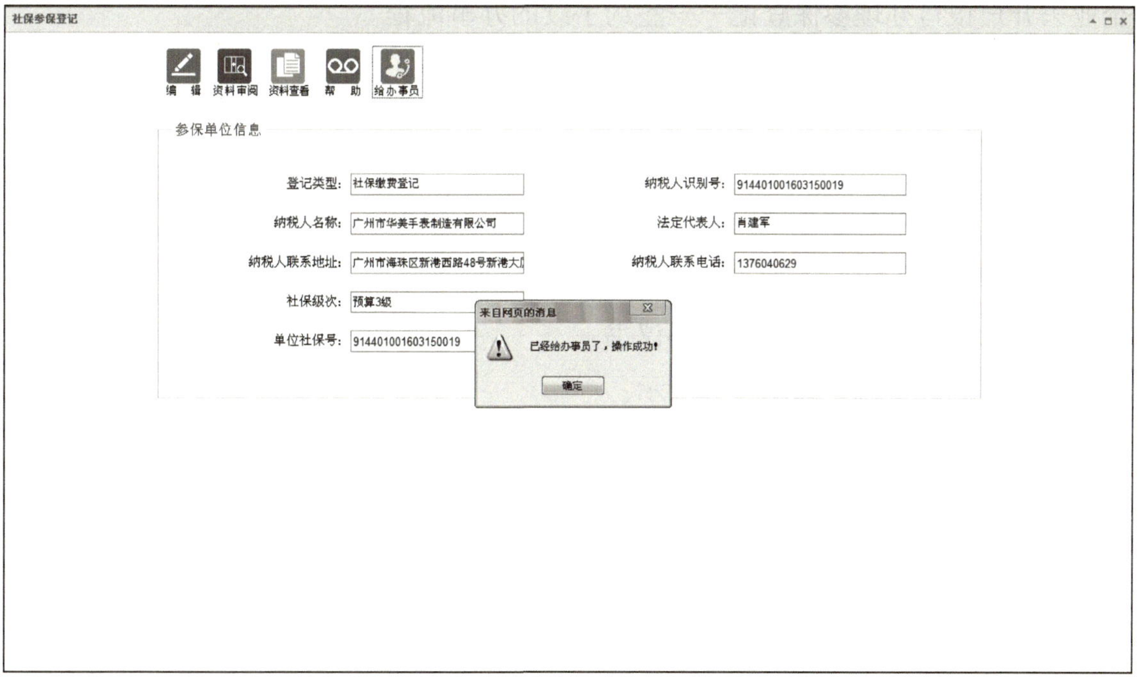

图 1-91　完成办理页面

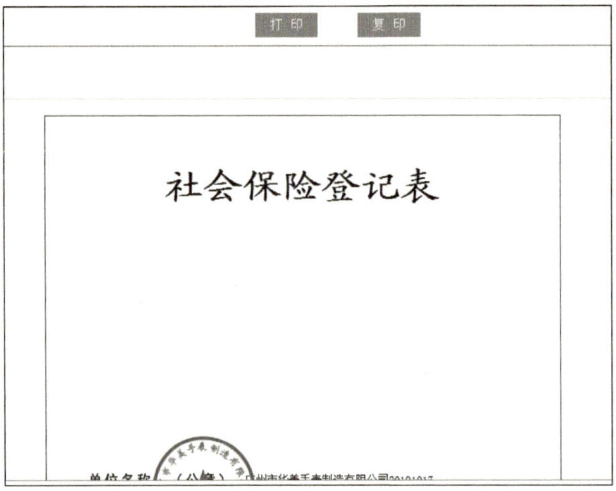

图 1-92　已盖章审核的社会保险登记表

实训结束。

实训十六　参保登记——签约手续（开户银行）

实训介绍

公司成立后，按规定需要在商事登记30日内，进行社保登记。本实训着重介绍企业去开户银行办理参保登记——签约手续的办事流程。

（一）企业办理参保登记——签约手续所需的资料

1. 基本存款账户信息表复印件
2. 委托划缴税（费）协议书（税务局已盖章）

（二）银行需要提供的资料

已盖章的委托划缴税（费）协议书

参保签约办事流程如图1-93所示：

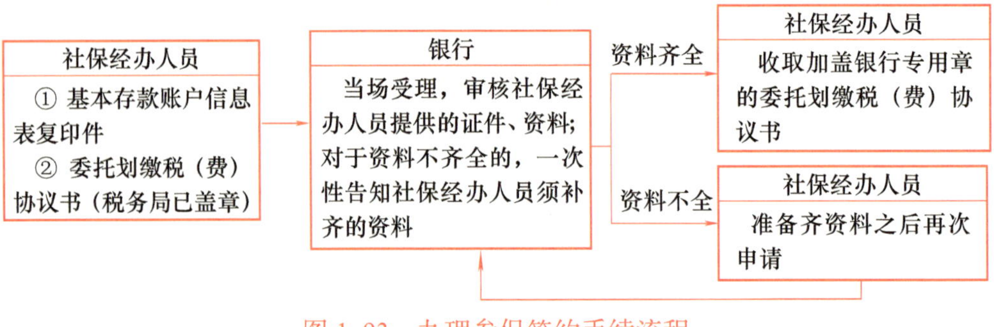

图 1-93　办理参保签约手续流程

实训内容

1. 填写委托划缴税（费）协议书
2. 参保登记——签约手续办事流程

实训目标

1. 掌握委托划缴税（费）协议书的填写
2. 熟悉参保登记——签约手续办事流程
3. 识记办理参保登记——签约手续所需的资料

实训过程

此业务由 A 同学扮演银行工作人员，B 同学及 C 同学扮演社保经办人员。

第一步：填写委托划缴税（费）协议书并提交资料。

单击 社保参保登记 ，进入填写委托划缴税（费）协议书并加盖公章，勾选办事资料，保存并提交资料，如图1-94所示。

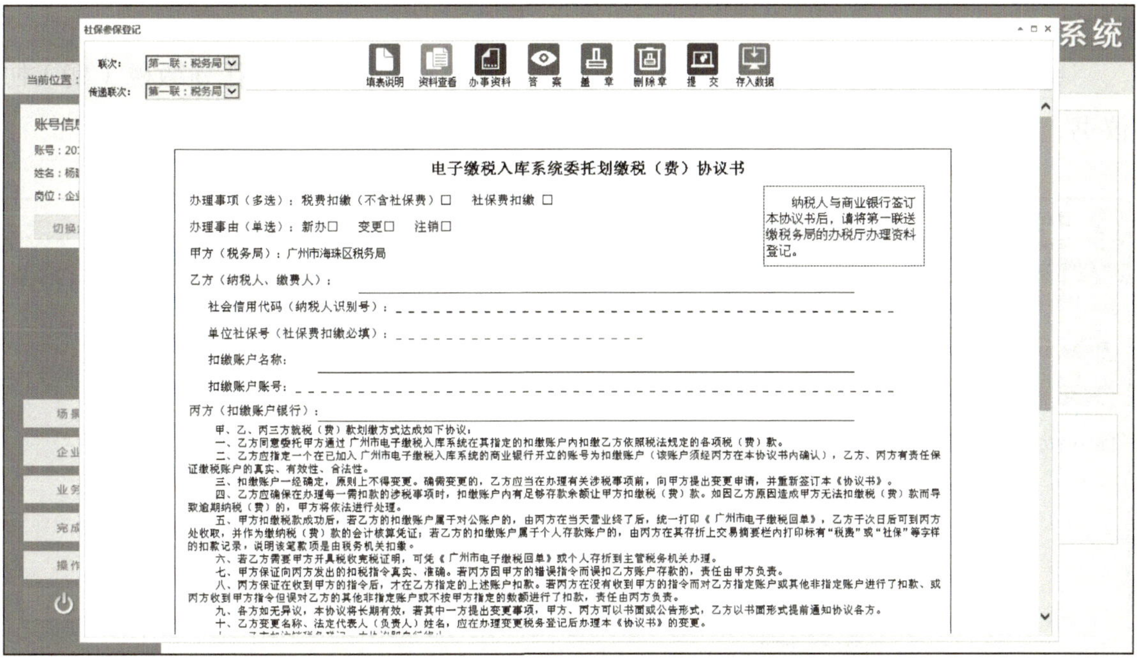

图 1-94 参保登记—— 签约手续业务表单填写

第二步：银行柜员审核盖章。

切换角色至银行柜员，登录银行系统，选择 工作台>>系统工作台，再选择社保参保登记业务，按下<Enter>键，选择所在企业后，单击 办理，如图1-95所示。

图 1-95 银行柜员审核页面

单击，浏览并审阅企业提交的资料。资料审核无误，在委托划缴税（费）协议书上加盖银行印章，并保存数据，单击完成办理，如图1-96所示。

图 1-96 银行柜员审核成功

已盖章审核的委托划缴税（费）协议书会自动发到企业档案库，如图1-97所示。

图 1-97　委托划缴税（费）协议书

实训结束。

实训十七　报关专用章海关备案

实训介绍

进出口货物收发货人需要去海关办理报关注册登记、报关专用章海关备案、报关员备案登记，同时办理电子口岸IC卡，本实训着重介绍如何办理报关专用章海关备案。

（一）企业办理报关专用章海关备案所需的资料

1. 企业报关专用章
2. 营业执照原件及复印件
3. 中华人民共和国海关进出口货物收发货人报关注册登记证书原件及复印件
4. 填写好的报关专用章备案表

（二）海关需要提供的资料

报关专用章备案表（需要企业提前领取并填写好）

报关专用章海关备案办理流程如图1-98所示：

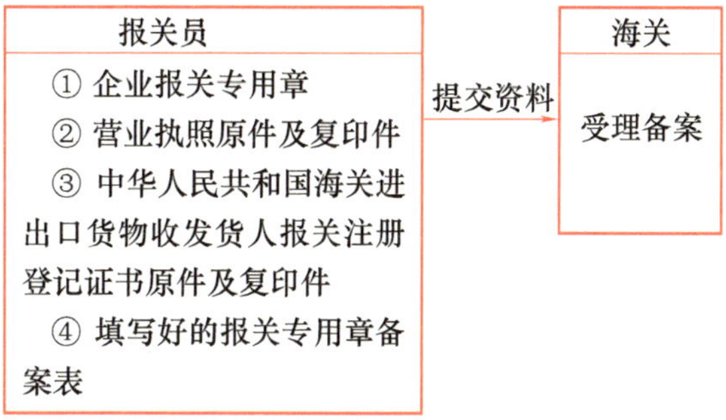

图 1-98　海关办理报关专用章海关备案流程

实训内容

1．填写报关专用章备案表
2．办理报关专用章海关备案

实训目标

1．掌握填写报关专用章备案表
2．识记报关专用章海关备案办理所需的资料
3．办理报关专用章海关备案的流程

实训过程

此业务由 A 同学扮演海关工作人员，B 同学及 C 同学扮演报关员。

填写报关专用章备案表并提交资料。企业办事员单击 报关专用章备案 ，进入业务实训表单填写页面，如图1-99所示。

填写报关专用章备案表并加盖公章，勾选办事资料，保存并提交资料，完成办理。表单提交单后，系统将自动处理。

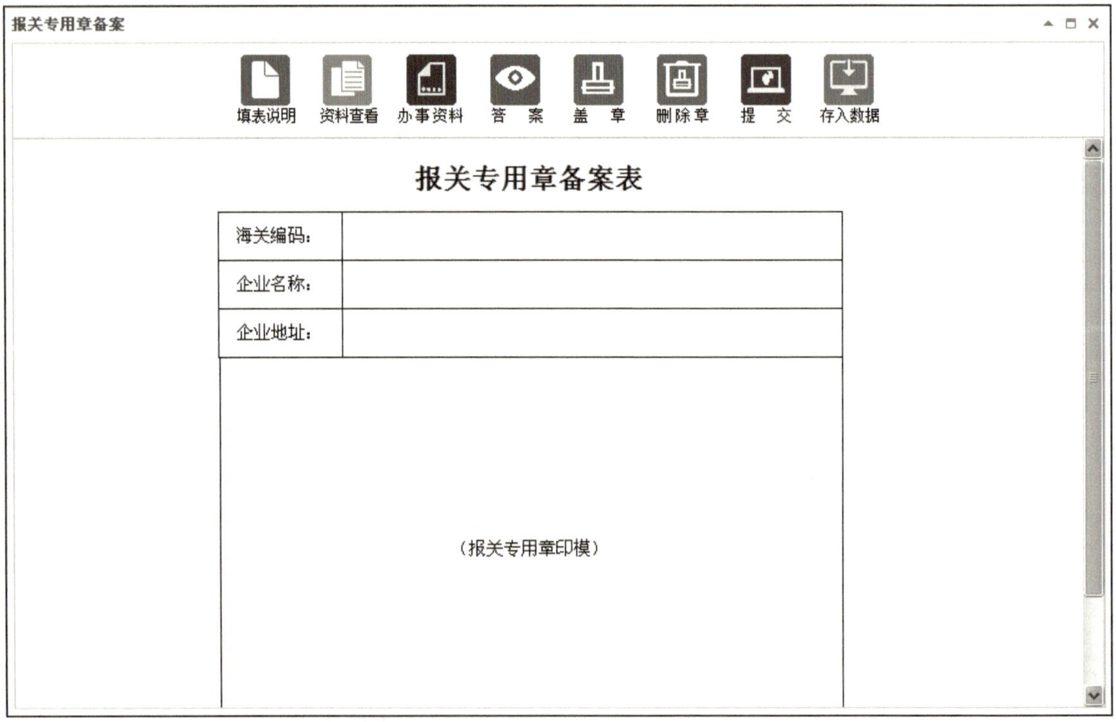

图 1-99　报关专用章海关备案业务表单填写

实训结束。

实训十八　报关员备案

实训介绍

进出口货物收发货人需要去海关办理报关注册登记、报关专用章海关备案、报关员备案登记，同时办理电子口岸IC卡，本实训着重介绍如何办理报关员备案。

（一）企业办理报关员备案所需的资料

1. 报关单位情况登记表
2. 报关员身份证原件及复印件

（二）海关需要提供的资料备案证明

报关员备案操作流程，如图1-100所示：

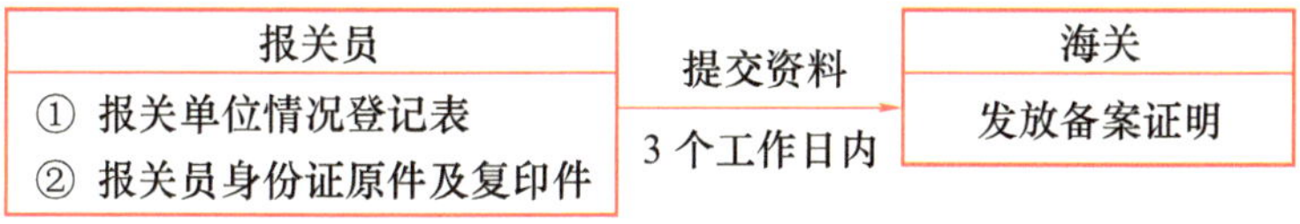

图 1-100　海关办理报关员备案流程

实训内容

办理报关员备案

实训目标

1. 了解报关员备案办理所需的资料
2. 掌握办理报关员备案的流程

实训过程

此业务由 A 同学扮演海关工作人员，B 同学及 C 同学扮演报关员。

第一步：填写报关单位情况登记表。

企业办事员单击 报关员备案 ，进入业务实训表单填写页面，如图1-101所示。填写《报关单位情况登记表》，并加盖公章，勾选办事资料，保存并提交资料。

报关员备案

填表说明 资料查看 办事资料 答案 盖章 删除章 提交 存入数据

报关单位情况登记表

（所属报关人员）

所属报关单位海关注册编码			2536487922	
序号	姓名	身份证件类型	身份证件号码	业务种类
1	何飞武	身份证	44010119900215×××××	☑备案 □变更 □注销
2				□备案 □变更 □注销
3				□备案 □变更 □注销
4				□备案 □变更 □注销
5				□备案 □变更 □注销

我单位承诺对本表所填报备案信息内容的真实性和所属报关人员的报关行为负责并承担相应的法律责任。

（单位公章）

2019年 10月 25日

图 1-101　报关员备案业务表单填写

第二步：发放备案证明。

提交表单后，系统自动处理。将备案证明发放至企业档案中，如图1-102所示。

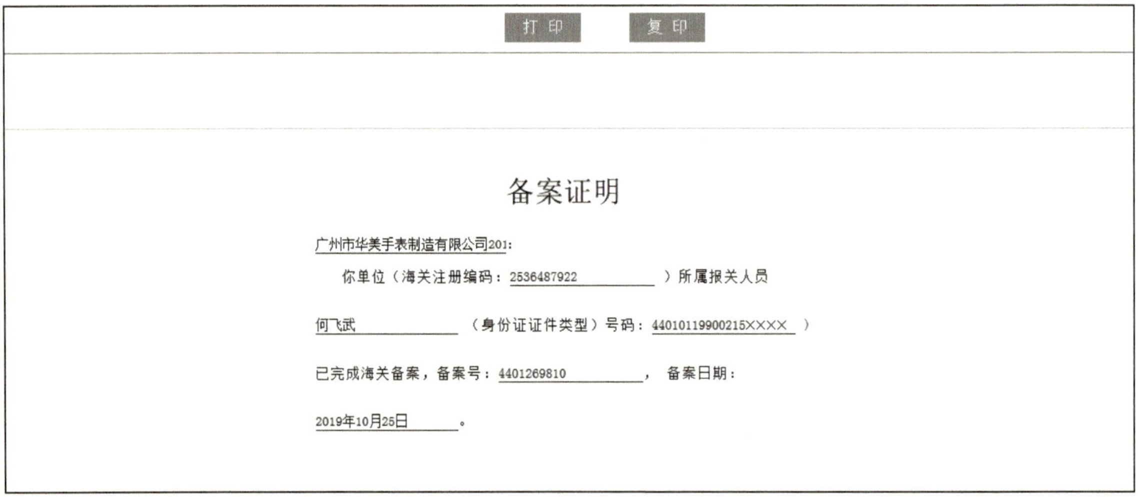

打印　复印

备案证明

广州市华美手表制造有限公司201：

你单位（海关注册编码：2536487922）所属报关人员

何飞武（身份证证件类型）号码：44010119900215××××）

已完成海关备案，备案号：4401269810，备案日期：

2019年10月25日。

图 1-102　报关员备案证明

实训结束。

实训十九　办理电子口岸IC卡

实训介绍

进出口货物收发货人需要去海关办理报关注册登记、报关专用章海关备案、报关员备案登记，同时办理电子口岸IC卡，本实训着重介绍如何办理电子口岸IC卡。

（一）企业办理电子口岸IC卡所需的资料

1. 营业执照原件及复印件
2. 对外贸易经营者备案登记表原件及复印件
3. 中华人民共和国海关进出口货物收发货人报关注册登记证书原件及复印件
4. 法人持卡人身份证复印件
5. 操作员持卡人身份证复印件

（二）海关需要提供的资料

1. 中国电子口岸企业情况登记表
2. 中国电子口岸企业IC卡登记表

电子口岸IC卡办理流程，如图1-103所示：

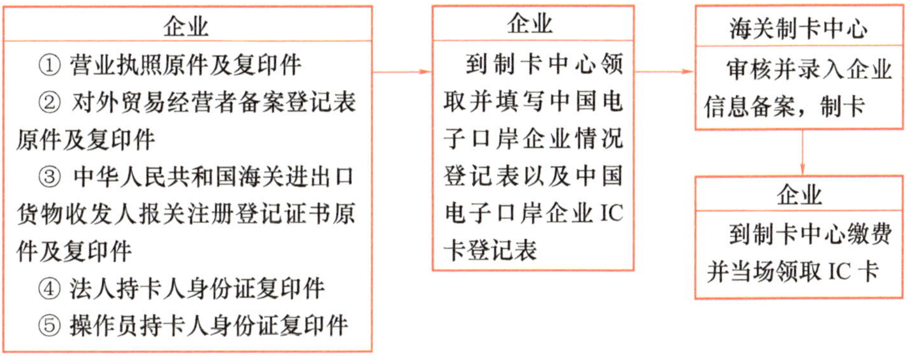

图1-103　海关办理电子口岸IC卡流程

实训内容

1. 填写中国电子口岸企业情况登记表
2. 填写中国电子口岸企业IC卡登记表

3．办理电子口岸IC卡

实训目标

1．掌握中国电子口岸企业情况登记表的填写

2．掌握中国电子口岸企业IC卡登记表的填写

3．识记办理电子口岸IC卡所需的资料

4．熟悉办理电子口岸IC卡的办理流程

实训过程

此业务由 A 同学扮演海关工作人员，B 同学及 C 同学扮演企业办事员。

第一步：填写业务表单并提交资料。

企业办事员单击办理电子口岸IC卡，进入业务实训表单填写页面，如图1-104所示。填写中国电子口岸企业情况登记表和中国电子口岸IC卡登记表并加盖公章，勾选办事资料，保存并提交资料。完成办理。

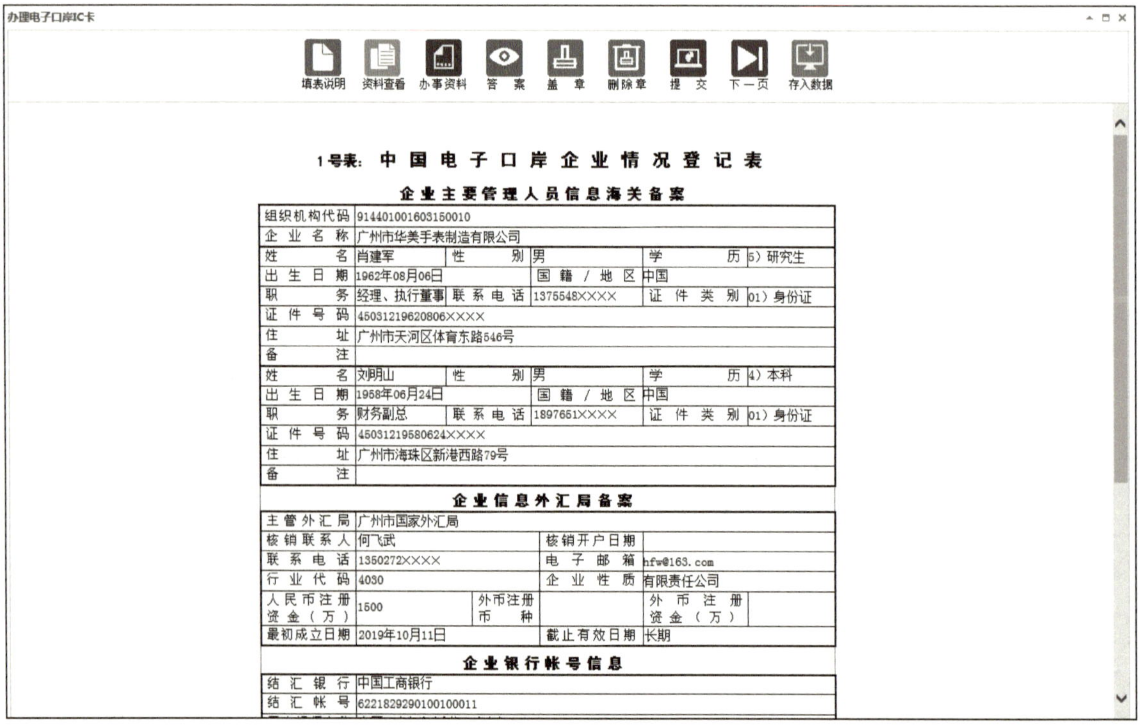

1号表：中国电子口岸企业情况登记表

企业主要管理人员信息海关备案

组织机构代码	914401001603150010				
企业名称	广州市华美手表制造有限公司				
姓名	肖建军	性别	男	学历	5）研究生
出生日期	1962年08月06日	国籍／地区	中国		
职务	经理、执行董事	联系电话	1375548XXXX	证件类别	01）身份证
证件号码	45031219620806XXXX				
住址	广州市天河区体育东路546号				
备注					
姓名	刘明山	性别	男	学历	4）本科
出生日期	1958年06月24日	国籍／地区	中国		
职务	财务副总	联系电话	1897651XXXX	证件类别	01）身份证
证件号码	45031219580624XXXX				
住址	广州市海珠区新港西路79号				
备注					

企业信息外汇局备案

主管外汇局	广州市国家外汇局				
核销联系人	何飞武		核销开户日期		
联系电话	1350272XXXX		电子邮箱	hfw@163.com	
行业代码	4030		企业性质	有限责任公司	
人民币注册资金（万）	1500	外币注册币种		外币注册资金（万）	
最初成立日期	2019年10月11日		截止有效日期	长期	

企业银行帐号信息

结汇银行	中国工商银行
结汇帐号	6221829290100100011

图 1-104　电子口岸 IC 卡业务表单填写

第二步：发放电子口岸IC卡。

提交表单后，系统自动处理，并将法人和操作员的密码函发放到企业档案中，如图1-105所示。

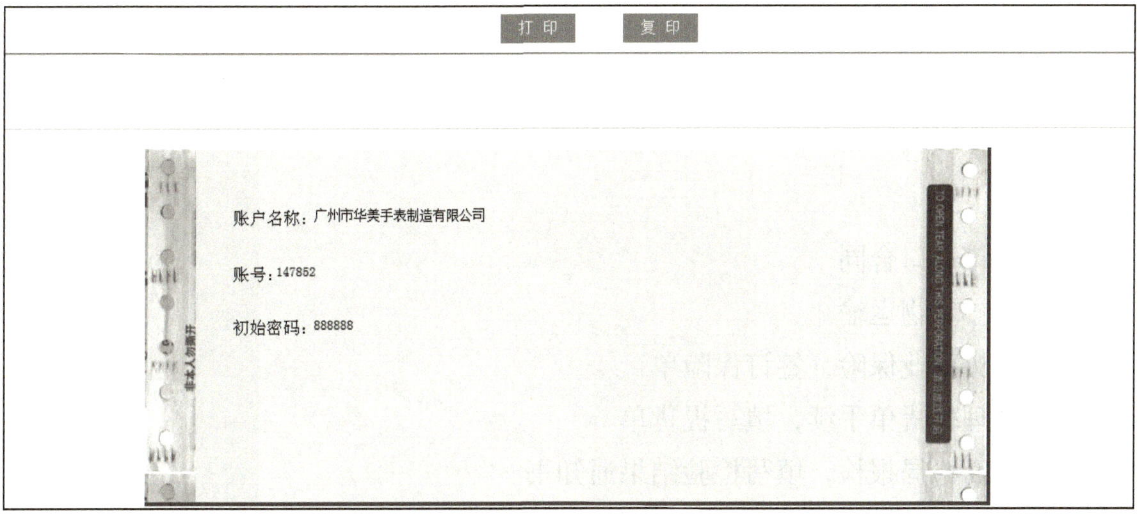

图 1-105　电子口岸 IC 卡密码函

实训结束。

实训二十　机芯进口流程

实训介绍

机芯进口发生在经营期，由于进口流程与外汇局的联系较大，所以在外汇局的实训业务发生之前，先安排机芯进口流程实训。实际上，除了签订进口合同，其他流程皆发生在经营期。货物进口需要经过多个步骤，且关系紧密。本实训着重介绍货物进口的流程，可以作为拓展实训内容。

机芯进口所需资料：

1. 营业执照原件
2. 中国电子口岸企业IC卡登记表
3. 中国电子口岸企业情况登记表
4. 中华人民共和国海关报关企业报关注册登记证书
5. 对外贸易经营者备案登记表

货物进口操作流程如图1-106所示：

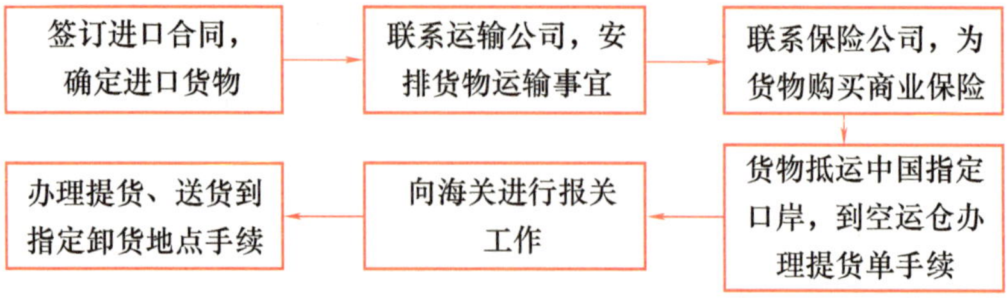

图 1-106　货物进口流程

实训内容

1. 签订进口合同
2. 安排货物运输
3. 购买商业保险，签订保险单
4. 办理提货单手续，填写提货单
5. 向商检局报检，填写检验结果通知书
6. 向海关进行申报，填写进口货物报关单、进口关税专用缴款书
7. 向企业会计报销报关费，填写支付证明单

实训目标

1. 掌握合同的签订
2. 掌握提货单的填写，熟悉办理提货单手续的流程
3. 掌握检验结果通知书的填写，熟悉向商检局报检的流程
4. 掌握进口货物报关单、进口关税专用缴款书的填写，熟悉向海关进行申报的流程
5. 掌握报销报关费的流程，掌握支付证明单的填写

实训过程

此业务由 A 同学扮演外国代表人（卖方）、运输公司职员、保险公司职员、企业法人，B 同学扮演海关工作人员、口岸工作人员、商检局工作人员，C 同学扮演业务员、报关员。

第一步：签订购销合同。

企业法人与外国代表人（卖方）签订合同（一式两份），签名并盖章，企业法人留存一份。

第二步：安排货物运输（此步骤实际由供货商安排）。

业务员来到×××运输公司，与运输公司职员协商货物运输的问题。运输公司职员拿出运输委托合同（一式两份）在上面签字并盖章，递交给业务员；业务员接过合同之后，也在上面签字并盖章，然后带着一份合同，离开运输公司。

第三步：购买商业保险（此步骤实际由供货商安排）。

业务员离开运输公司，来到×××保险公司。经过协商之后，签订货物保险单。业务员填写保险单之后递交给保险公司职员。保险公司职员接过保险单，填写保险单里相关的信息，并加盖公章，将保险单交给业务员。业务员接过保险单并收好，离开保险公司。

第四步：办理提货单手续。

1．业务员收到到货通知书（由外国代表人（卖方）提供），业务员核对收货人名称、货物名称、件数、重量，核对无误。

2．业务员来到口岸的货仓，运输公司职员将提货单交给业务员。

3．业务员接过提货单来到口岸办公室，将提货单交给口岸工作人员办理相关手续。

4．口岸工作人员填写提货单，填写完毕之后，口岸工作人员将提货单交给业务员。

5．业务员缴纳手续费，拿着提货单离开口岸。

第五步：向商检局报检。

1．报关员到商检局领取进口商品检验申请单，回到企业如实填写进口商品检验申请单，再准备装箱单和提货单。

2．报关员向企业法人借用进口合同。

3．报关员向企业会计借用形式发票。

4．报关员携带上述所有资料去商检局“进出口商品报检”窗口，将这些资料文件交给工作人员A。

5．工作人员A核对资料，资料不符合规章的，告知报关员需要补全和修改的内容；资料符合规章的，受理报检。工作人员A将报关员所提交的资料交给工作人员B，工作人员B将资料整理核验好之后，跟报关员一起离开商检局。

6．工作人员B跟报关员来到口岸的货仓，对进口货物进行拆箱检验。经检验，该批进口商品合格。工作人员B填写检验结果通知书。填写完之后将检验结果通知书和所提交资料交给报关员，一起离开口岸空运仓。

7．报关员返回商检局。来到“缴费”窗口前，将所有资料交给工作人员C。工作人员C接过资料后进行计费。报关员缴纳相关的报检费用。工作人员C填写通关单。将盖章的通关单和提交资料交还给报关员。

8. 报关员拿着通关单离开商检局。

第六步：向海关进行申报。

1. 报关员来到海关办事处大厅，在“报关”窗口把所带的资料如形式发票、装箱单、提货单、通关单、进口合同等文件交给工作人员。

2. 工作人员对资料进行审查，资料不符合规章的，告知报关员所需要的全部资料；资料符合规章的，报关受理之后交给报关员一张进口货物报关单。

3. 报关员填写进口货物报关单并加盖企业公章，填写完毕之后交给工作人员。

4. 工作人员对照税目规定的税率计征关税，填写进口关税专用缴款书，填写完之后交给报关员。

5. 报关员拿着进口关税专用缴款书来到“缴费”窗口。将缴款书递给窗口工作人员，然后缴纳相应的税费。

6. 工作人员收取税费，在进口关税专用缴款书盖章，将第二联退回给报关员。

7. 报关员拿着进口关税专用缴款书回到“报关”窗口，将已盖章的进口关税专用缴款书递交给工作人员。

8. 工作人员在提货单、装箱单、进口货物报关单等所有单据上加盖海关验讫章，以示放行，之后将所有单据资料退回给报关员。

9. 报关员将资料放进文件袋，离开海关办事大厅。

实训结束。

实训二十一　办理进口付汇备案

实训介绍

企业有涉外业务发生后，可到外汇局备案，也可不备案，但是90天后没有收到货物的，必须备案。报关员到外汇局填写进口付汇备案表，申报进口付汇备案。本实训着重介绍办理进口付汇备案的流程，可以作为拓展实训内容。

（一）企业办理进口付汇备案所需的资料

1. 填好的进口付汇备案说明函

2. 机芯进口合同复印件

3. 形式发票

4. 填好的进口付汇备案表

（二）外汇需要提供的资料

1. 进口付汇备案说明函

2. 进口付汇备案表

进口付汇备案办理流程如图1-107所示：

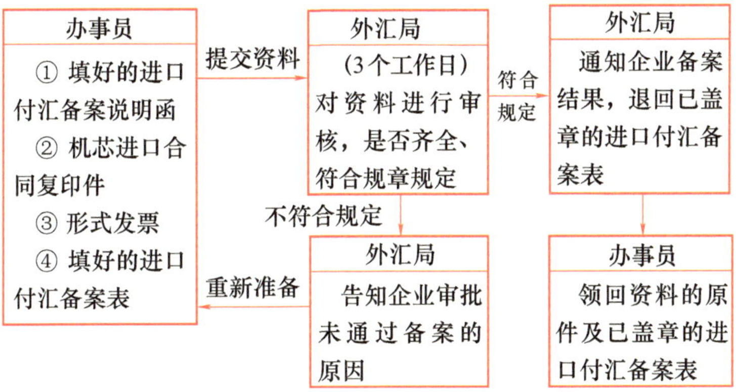

图 1-107 办理进口付汇备案流程

实训内容

1. 填写进口付汇备案说明函

2. 填写进口付汇备案表

3. 办理进口付汇备案

实训目标

1. 掌握进口付汇备案说明函填写

2. 掌握进口付汇备案表填写

3. 熟悉进口付汇备案的办理流程

实训过程

此业务由 A 同学扮演外汇局工作人员，C 同学扮演企业办事员。

第一步：准备资料。

1. 办事员去外汇局领取并填写进口付汇备案说明函。

2．办事员向法人借用与供应商签订的机芯进口合同复印件、公章。

3．办事员向会计借用形式发票。

第二步：办理业务。

1．办事员带齐资料前往外汇局，走到“付汇备案”窗口，拿出填好的进口付汇备案说明函、进口合同和形式发票交给窗口工作人员。

2．工作人员接过资料，递给办事员一张进口付汇备案表。

3．办事员填写进口付汇备案表，填写完成之后交予工作人员审核。

4．工作人员对资料进行初审，无误之后放进抽屉，告知办事员5分钟后通知备案结果。

5．办事员离开外汇局。

第三步：领取加盖进口付汇核销专用章的进口付汇备案表。

1．（5分钟后）办事员再次来到外汇局“付汇备案”窗口。

2．工作人员将已盖章的进口付汇备案表及资料原件退回给办事员。

3．办事员收好已盖章的进口付汇备案表及资料原件离开外汇局。

实训结束。

Learning module 2

学习单元二

企业经营实训指导

企业经营期实训说明

一、企业概况

企业名称：广州市华美手表制造有限公司20191002

注册地址：广州市海珠区新港西路48号新港大厦一层

联系电话：020-81394478

法人代表：肖建军

注册资金：人民币1 500万元整

其中：肖建军投资人民币750万元，刘明山投资人民币375万元，王大为投资人民币375万元

企业类型：手表制造企业

经营范围：从事手表的生产、销售

生产组织：基本生产车间三个（电镀车间、加工车间、组装车间）

统一社会信用代码：914401005046882925（工商注册号、纳税人识别号、组织机构代码均统一使用此号码作为企业唯一识别码）

财务副总：刘明山

会计主管：陈量一

会计：陈鹏（身份证：44020219870105××××，手机号码：1354310××××）

出纳：何飞武（身份证：44010119900215××××，发证机关：广州市越秀区公安局）

广州市华美手表制造有限公司成立于2019年，注册资本为1 500万元人民币。厂房建筑面积共1 500平方米。公司设总经理办公室、财务部、行政部、销售采购部、生产部五大部门，其中生产部设有电镀车间、加工车间和组装车间三个基本生产车间，主要从事华美系列手表的生产。

二、工艺流程简介

1. 首先由电镀车间根据生产计划切割、打磨电镀、镭射各种零件，经检验合格后送加工车间加工镶嵌。

2. 组装车间由原材料仓库领用各种原材料连同由自制半成品仓库领来的各种自制半成品组装成各种手表，经过检验合格后送交产成品仓库。

3. 该企业主要产品为EP女式手表、EP男式手表、EV女式手表、EV男式手表、EX女式手表、EX男式手表六款产品。产品主要由表壳、表盖、自制表盘、表带等零件组装而成，每件产品都必须配备金属表带、真皮表带各一条，包装盒一个。

三、企业部分财务会计制度

企业执行《中华人民共和国会计法》《企业会计准则》《企业会计准则——应用指南》。

1. 流动资产

（1）库存现金限额为20 000元。

（2）银行存款开立一个银行账户：中国工商银行新港西路支行（基本存款），账号6622020888836620885。

（3）材料日常收发按实际成本核算。发出材料的实际成本采用月末一次加权平均法计算结转，黄金与钻石等贵重材料采用先进先出法月末集中核算。

（4）本企业“周转材料——包装物”领用时采用一次摊销法（不需设在库、在用，摊销明细核算），发出成本采用月末一次加权平均法核算；“周转材料——低值易耗品”领用时采用五五摊销法（需要设在库、在用，摊销明细核算），发出成本采用先进先出法核算，领用时由在库转为在用，当期期末摊销本期领用金额的50%。

（5）本企业自制零件分为各种型号的表盘，电镀车间制作表盘半成品不需要入库，而直接移交加工车间（一般无在产品）。加工车间生产自制表盘需入库，以“库存商品”科目核算。发出自制表盘的实际成本采用月末一次加权平均法核算。

（6）本企业库存商品的收发按实际成本核算。发出库存商品的实际成本按月末一次加权平均法核算。

（7）每年年末计提坏账准备，主要根据“应收账款”“长期应收款”进行核算，提取比例为0.3%。

2. 固定资产

固定资产计提折旧均采用平均年限法，其中机械设备至少10年，预计残值率为

4%；运输工具至少4年，预计残值率为4%；电子电器设备至少3年、办公设备至少5年，预计残值率为2%。固定资产的中小修理费用，直接记入当月的有关费用，大修理费采用预提的方法进行核算。

3. 无形资产及其他长期资产

该公司拥有使用寿命有限的无形资产，自取得当月起对无形资产在使用寿命内进行合理摊销。

4. 产品成本核算

（1）该公司各车间成本计算采用品种法。

（2）各车间材料一次投入按对应领用对象归集，不能分清领用对象按产量分配，直接人工、制造费用按产品定额工时分配。

1）直接材料。直接材料包括生产经营过程中实际消耗的原料及主要材料、辅助材料、外购件、燃料、产品生产过程作为外包装的包装物以及其他直接材料。

2）直接人工。直接人工包括直接从事产品生产人员的全部工资、职工福利费、社会保险等应付职工薪酬。

3）制造费用。制造费用包括各个生产车间为组织和管理生产所发生的生产车间管理人员薪酬、固定资产折旧费、生产设备修理费、水电费、机物料消耗、周转材料损耗等。

（3）月末生产费用在在产品与完工产品之间的成本分配采用定额成本法，单位成本合计额按总成本合计额除数量得出。

（4）制造费用在各基本车间中按额定生产工时分配。

（5）各分配率保留小数点后四位数，其余会计核算保留两位小数，分配成本费用过程产生的尾数由分配车间的最后一个分配项目（产品）承担，计算发出、领用、销售成本时产生尾数由结存项目承担（若当期结存为0时，发出、领用、销售成本直接等于发出、领用、销售前的库存的金额）。

5. 税费及计提费用

（1）增值税。该企业为增值税一般纳税人，增值税税率为13%。

（2）消费税。该企业为高档手表生产销售企业，为消费税纳税人，消费税率为20%。

（3）城市维护建设税。计税金额：以企业实际缴纳的增值税、消费税的税额为计征依据。税率：税务部门核定为7%。

（4）教育费附加。计税金额：以企业实际缴纳的增值税、消费税的税额为计征依据。征收率：3%。

（5）企业根据规定代缴员工个人所得税，正常工资薪金所得个人所得税税率表见表2-1。

表 2-1 正常工资薪金所得个人所得税税率表（居民个人适用）

级数	累计预扣预缴应纳税所得 含税级距	税率（%）	速算扣除数
1	不超过36 000元	3	0
2	超过36 000～144 000元的部分	10	2 520
3	超过144 000～300 000元的部分	20	16 920
4	超过300 000～420 000元的部分	25	31 920
5	超过420 000～660 000元的部分	30	52 920
6	超过660 000～960 000元的部分	35	85 920
7	超过960 000元的部分	45	181 920

（6）企业所负担的车船使用税、印花税等根据国家税法规定计提缴纳。

（7）根据规定该地区职工养老保险金、职工工伤保险金、职工失业保险金、职工医疗保险金、职工重大疾病补助、生育保险金的计提比例分别为22%（企业承担14%，个人承担8%）、0.14%（企业承担）、0.68%（企业承担0.48%，个人承担0.2%）、7.5%（企业承担5.5%，个人承担2%）、0.26%（企业承担）、0.85%（企业承担）计算。企业按照基本工资计提社会保险费用（如果基本工资没有超过3 000元，需按照3 000元计提）。住房公积金按基本工资计提（企业承担5%，个人承担5%）。

（8）企业的工会经费按职工基本工资的2%计提。

（9）企业所得税税率为25%（企业所得税按月预缴，年终汇结，按月计提）。

6. 费用核算

（1）销售部门发生的采购费用计入销售费用。

（2）差旅费报销规定：城际交通费依据飞机票、火车票、车票等票据实报实销；住宿费最高报销标准为250元/晚，低于250元实报实销，住宿费报销包含相关增值税；补贴100元每人/日（出发与归来当日按0.5天）；市内交通费、餐费等其他费用依票据实报实销。因公出国的人员出差期间除基本补贴100元/日，还有额外住宿补贴150元/日、伙食补贴100元/日、交通补贴150元/日（合计补贴500元每人/日）。由公司预先垫付购买机票、车票、火车票等的费用先作为借支费用计入其他应收款，待回来一并报销。

（3）筹建期发生的开办费用按照5年的期限分期摊销计入管理费用。

（4）报销人填写支付证明单或者差旅费报销单，将支付证明单、发票等单据上交后，100 000元以下（含100 000元）由财务副总审核，100 000元以上至200 000元以下（含200 000元）由总经理审核，如超出200 000元由股东大会审批并以会议纪要作为报销凭证。该业务的支付证明单由财务副总刘明山审核（股东大会省略）。

（5）出纳根据审核的单据报销，若为现金支付时，支付证明单上需加盖现金付讫章；若为收回余款则要开具收据加盖企业财务章；现金收回时，要盖现金收讫章。

7. 坏账准备

坏账准备的计提比例为0.3%。

8. 利润分配

（1）税前利润弥补以前年度亏损，经过五年期未足额弥补的，未弥补亏损应用所得税后的利润弥补。

（2）盈余公积提取比例为：法定盈余公积10%，提取数额达到注册资本50%，则不再提取；任意盈余公积为10%。

9. 企业的核算形式

（1）企业使用广州市标准记账凭证，凭证字采用“记”一种凭证字号。

（2）企业采用科目汇总表会计核算形式。在月末最后一天编制科目汇总表，并登记总账。

（3）企业损益结转采用账结法。

（4）库存现金日记账需要日结，银行存款日记账无须日结。

（5）先进先出法下核算的存货数量金额明细账期末不填列单价，库存商品数量金额明细账及往来明细账无须月结。

10. 基本资料

车间生产基本资料，见表2-2～表2-4。

表 2-2 电镀车间产品额定工时资料

产品名称	2.5 表盘半成品	3.0 表盘半成品	3.5 表盘半成品	4.0 表盘半成品	4.5 表盘半成品	5.0 表盘半成品
本期完工数量	100	80	71	62	56	50
单位额定工时	1.5	1.25	1.4	1.5	1.6	1.36

表 2-3 加工车间产品额定工时资料

产品名称	华美2.5表盘	华美3.0表盘	华美3.5表盘	华美4.0表盘	华美4.5表盘	华美5.0表盘
本期完工数量	100	80	71	62	56	50
单位额定工时	1.2	1.6	1.8	1.9	1.9	2
在产品数量						
在产品单位额定工时	0.6	0.8	1	1	1	1

表 2-4 组装车间产品额定工时资料

产品名称	EP女式手表	EP男式手表	EV女式手表	EV男式手表	EX女式手表	EX男式手表
本期完工数量	50	50	50	50	50	50
单位额定工时	8	8.4	8.4	8.6	9	11.6
在产品数量						
在产品单位额定工时	4	4.2	4.2	4.3	4.5	5.8

企业经营期业务实训

一、11月份发生的经济业务汇总

1. 2019年11月1日，确认实收资本
2. 2019年11月1日，报销购买账簿及记账凭证的费用
3. 2019年11月1日，报销筹建期发生的开办费
4. 2019年11月1日，报销租金
5. 2019年11月1日，报销购买电子设备费用
6. 2019年11月1日，支付人力资源公司招聘费
7. 2019年11月1日，购买支票
8. 2019年11月1日，购买业务委托书
9. 2019年11月1日，支付企业定制的工作服定金
10. 2019年11月1日，提取现金备用

注意

除了经济业务，企业必须在进口业务发生之前去外汇局办理进口付汇备案，并在进口业务结束后办理进口付汇核销。

11. 2019年11月1日，报销业务招待费
12. 2019年11月1日，报销购买办公用家具费
13. 2019年11月1日，报销购买生产设备费用
14. 2019年11月2日，预付采购机芯定金
15. 2019年11月2日，支付采购表带定金
16. 2019年11月2日，支付采购表壳、表盖定金
17. 2019年11月2日，支付钛合板运输费
18. 2019年11月2日，采购钛合板
19. 2019年11月2日，采购黄金
20. 2019年11月2日，采购钻石
21. 2019年11月2日，报销采购茶具费用
22. 2019年11月2日，订购水
23. 2019年11月2日，借支购买办公用品
24. 2019年11月2日，收到报装电话扣费单
25. 2019年11月2日，采购氧化铝合粉
26. 2019年11月2日，报销购买办公用品费用
27. 2019年11月2日，借支支付培训费
28. 2019年11月2日，购买税控设备
29. 2019年11月3日，报销培训费
30. 2019年11月3日，借支举办开业典礼
31. 2019年11月3日，提取现金备用
32. 2019年11月3日，报销制作形象牌费用
33. 2019年11月4日，报销开业庆典酒宴费
34. 2019年11月4日，收到礼金
35. 2019年11月4日，将收到礼金送存银行
36. 2019年11月4日，工作服入库并支付剩余货款
37. 2019年11月4日，生产部电镀车间领用工作服
38. 2019年11月4日，电镀车间领用氧化铝合粉
39. 2019年11月4日，电镀车间领用钛合板
40. 2019年11月4日，借支差旅费
41. 2019年11月5日，生产部加工车间领用工作服
42. 2019年11月5日，借支购买组装工具
43. 2019年11月5日，预付定金订购包装盒

44. 2019年11月5日，报销购买考勤机费用
45. 2019年11月6日，机芯入库，支付剩余款项
46. 2019年11月6日，报销购买组装工具费用
47. 2019年11月7日，电镀车间移交半成品给加工车间
48. 2019年11月7日，加工车间领用黄金
49. 2019年11月7日，加工车间领用钻石
50. 2019年11月7日，表壳、表盖入库，支付剩余款项
51. 2019年11月7日，表带入库，剩余货款未付
52. 2019年11月7日，报销购买咖啡费用
53. 2019年11月7日，报销差旅费
54. 2019年11月8日，生产部组装车间领用工作服
55. 2019年11月8日，包装盒入库
56. 2019年11月8日，支付聘请律师顾问费
57. 2019年11月8日，借支差旅费
58. 2019年11月9日，电镀车间移交半成品给加工车间
59. 2019年11月9日，加工车间自制半成品入库
60. 2019年11月9日，加工车间领用黄金
61. 2019年11月9日，加工车间领用钻石
62. 2019年11月9日，生产部组装车间领用机芯
63. 2019年11月9日，生产部组装车间领用表壳、表盖
64. 2019年11月9日，生产部组装车间领用组装工具
65. 2019年11月9日，生产部组装车间领用表带
66. 2019年11月9日，生产部组装车间领用华美2.5表盘
67. 2019年11月10日，生产部技术科预定杂志
68. 2019年11月10日，生产部组装车间领用包装盒
69. 2019年11月10日，报销购买装订机费用
70. 2019年11月11日，电镀车间移交半成品给加工车间
71. 2019年11月11日，支付培训费
72. 2019年11月11日，报销招待培训老师餐费
73. 2019年11月12日，生产部组装车间产成品入库
74. 2019年11月12日，加工车间自制半成品入库
75. 2019年11月12日，盘点库存现金
76. 2019年11月12日，生产部组装车间领用表盘

77. 2019年11月12日，生产部组装车间领用表壳、表盖
78. 2019年11月12日，生产部组装车间领用机芯
79. 2019年11月12日，生产部组装车间领用表带
80. 2019年11月12日，加工车间领用黄金
81. 2019年11月12日，加工车间领用钻石
82. 2019年11月12日，报销差旅费
83. 2019年11月13日，电镀车间移交半成品给加工车间
84. 2019年11月13日，预付广告费
85. 2019年11月13日，提取现金备用
86. 2019年11月14日，报销接待客户餐费
87. 2019年11月14日，报销购买礼品费用
88. 2019年11月14日，报销客户住宿费
89. 2019年11月14日，支付租车费
90. 2019年11月15日，电镀车间移交半成品给加工车间
91. 2019年11月15日，支付专家顾问费
92. 2019年11月15日，生产部组装车间产成品入库
93. 2019年11月15日，加工车间自制半成品入库
94. 2019年11月15日，生产部组装车间领用华美3.5表盘
95. 2019年11月15日，生产部组装车间领用表壳、表盖
96. 2019年11月15日，生产部组装车间领用机芯
97. 2019年11月15日，加工车间领用黄金
98. 2019年11月15日，加工车间领用钻石
99. 2019年11月16日，网上购买机票
100. 2019年11月16日，收到退回押金
101. 2019年11月16日，借支差旅费
102. 2019年11月16日，销售商品
103. 2019年11月16日，电镀车间移交半成品给加工车间
104. 2019年11月17日，加工车间自制半成品入库
105. 2019年11月17日，加工车间领用黄金
106. 2019年11月17日，加工车间领用钻石
107. 2019年11月17日，处置盘盈现金
108. 2019年11月18日，生产部组装车间产成品入库
109. 2019年11月18日，生产部组装车间领用表盘

110. 2019年11月18日，生产部组装车间领用表壳、表盖
111. 2019年11月18日，生产部组装车间领用机芯
112. 2019年11月18日，销售商品
113. 2019年11月18日，报销购买档案袋、信封费用
114. 2019年11月19日，销售部门陈铁勇报销车费
115. 2019年11月19日，报销招待客户购入香烟、糖果费用
116. 2019年11月19日，借支差旅费
117. 2019年11月19日，收到货款
118. 2019年11月19日，加工车间自制半成品入库
119. 2019年11月19日，加工车间领用黄金
120. 2019年11月19日，加工车间领用钻石
121. 2019年11月20日，支付剩余广告费
122. 2019年11月20日，报销差旅费
123. 2019年11月20日，支付本月物业管理费
124. 2019年11月20日，预付展览费用
125. 2019年11月21日，加工车间自制半成品入库
126. 2019年11月21日，生产部组装车间产成品入库
127. 2019年11月21日，生产部组装车间领用表盘
128. 2019年11月21日，生产部组装车间领用表壳、表盖
129. 2019年11月21日，生产部组装车间领用机芯
130. 2019年11月22日，报销差旅费
131. 2019年11月22日，预收货款
132. 2019年11月23日，提取现金备用
133. 2019年11月23日，缴纳社保费用
134. 2019年11月23日，缴纳住房公积金
135. 2019年11月23日，报销接待客户餐费
136. 2019年11月23日，销售商品
137. 2019年11月23日，报销货物运输费
138. 2019年11月24日，生产部组装车间产成品入库
139. 2019年11月24日，生产部组装车间领用表盘
140. 2019年11月24日，生产部组装车间领用表壳、表盖
141. 2019年11月24日，生产部组装车间领用机芯
142. 2019年11月25日，报销招待费

143. 2019年11月25日，支付名片设计及印制费用
144. 2019年11月26日，支付宣传费
145. 2019年11月27日，报销总经办购买钢笔费用
146. 2019年11月28日，报销购入文件夹费用
147. 2019年11月29日，生产部组装车间产成品入库
148. 2019年11月30日，缴纳水费
149. 2019年11月30日，缴纳电费
150. 2019年11月30日，支付电话费
151. 2019年11月30日，按合约销售商品
152. 2019年11月30日，摊销开办费
153. 2019年11月30日，摊销本月厂房租金
154. 2019年11月30日，计提工资
155. 2019年11月30日，计提社保
156. 2019年11月30日，计提公积金
157. 2019年11月30日，分配电费
158. 2019年11月30日，分配本月水费
159. 2019年11月30日，计提坏账准备
160. 2019年11月30日，计算个人代扣代缴费用
161. 2019年11月30日，摊销本月领用周转材料成本
162. 2019年11月30日，分配制造费用
163. 2019年11月30日，计算电镀车间领用原材料成本
164. 2019年11月30日，计算电镀车间产品成本并转入加工车间
165. 2019年11月30日，计算加工车间领用材料成本
166. 2019年11月30日，计算加工车间产品成本
167. 2019年11月30日，计算组装车间领用自制表盘成本
168. 2019年11月30日，计算组装车间领用周转材料成本
169. 2019年11月30日，计算组装车间领用原材料成本
170. 2019年11月30日，计算组装车间产品成本
171. 2019年11月30日，结转销售成本
172. 2019年11月30日，计算本月应缴增值税
173. 2019年11月30日，计算本月应缴消费税
174. 2019年11月30日，计算本月应缴城建税、教育费附加
175. 2019年11月30日，提取现金备用

176. 2019年11月30日，计算本月应缴印花税

177. 2019年11月30日，结转损益

178. 2019年11月30日，计提所得税费用

179. 2019年11月30日，结转所得税费用

二、实训操作整体思路

图2-1中的顶行代表部门和岗位，矩形框代表需要单击进行操作的流程，圆圈中的数字代表操作的步骤流程，黑色的箭头代表必经的流程，红色的虚线箭头表示上一个流程填制（或者审核）错误被退回上一个流程。

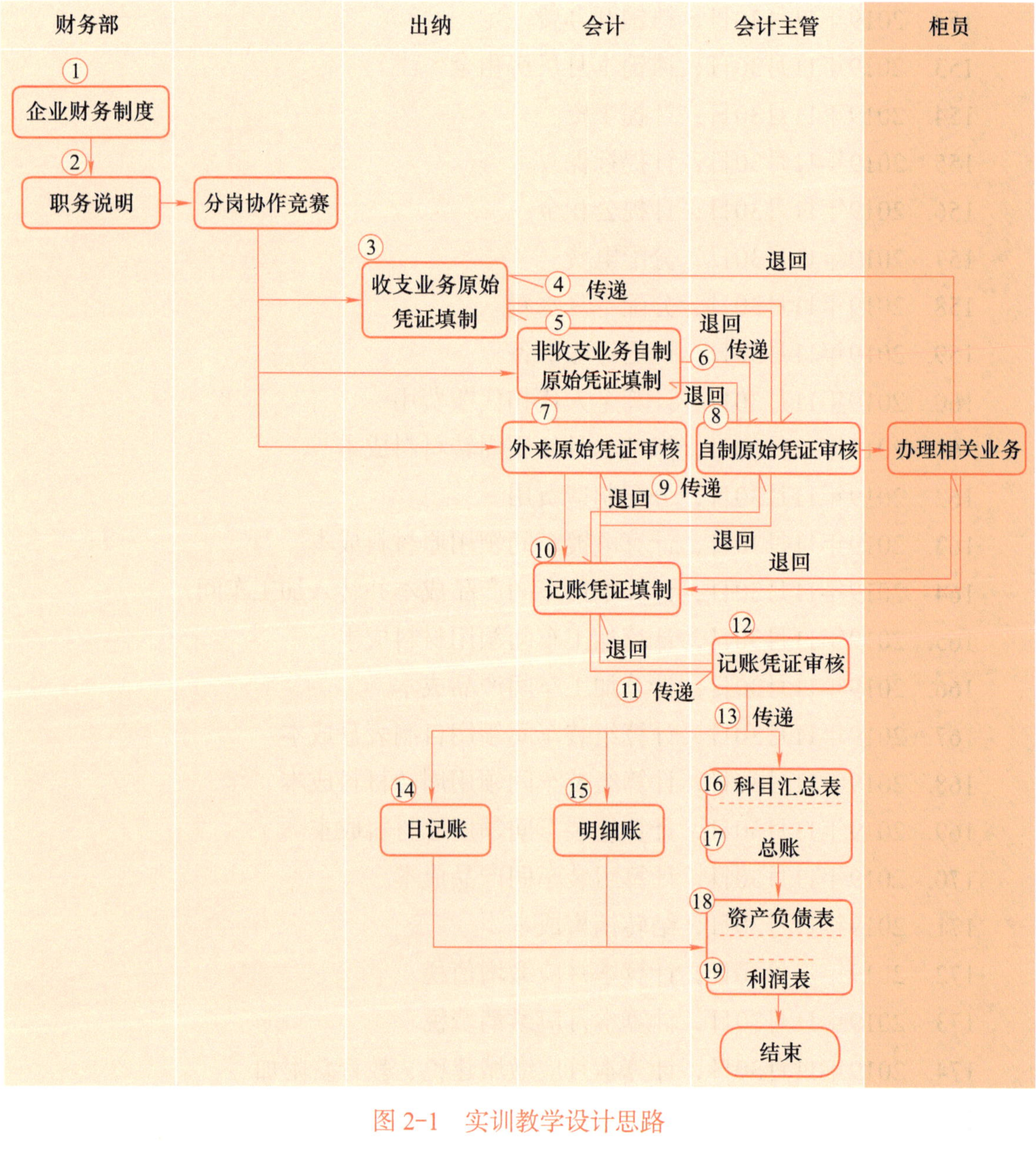

图 2-1　实训教学设计思路

实训一　报销业务

报销业务实训资料，见表2-5。

表 2-5　报销业务实训资料

任　务	系统业务
1	系统业务2　报销购买账簿及记账凭证的费用
2	系统业务3　报销筹建期发生的开办费
3	系统业务11　报销业务招待费
4	系统业务21　报销采购茶具费用
5	系统业务44　报销购买考勤机费用
6	系统业务52　报销购买咖啡费用
7	系统业务69　报销购买装订机费用
8	系统业务72　报销招待培训老师餐费
9	系统业务86　报销接待客户餐费
10	系统业务87　报销购买礼品费用
11	系统业务113　报销购买档案袋、信封费用
12	系统业务114　销售部门陈铁勇报销车费
13	系统业务115　报销招待客户购入香烟、糖果费用
14	系统业务135　报销接待客户餐费
15	系统业务142　报销招待费
16	系统业务145　报销总经办购买钢笔费用
17	系统业务146　报销购入文件夹费用
以下任务实训需要增值税发票认证	
18	系统业务4　报销租金
19	系统业务5　报销购买电子设备费用
20	系统业务12　报销购买办公用家具费
21	系统业务13　报销购买生产设备费用
22	系统业务26　报销购买办公用品费用
23	系统业务29　报销培训费并拿税控盘去税务局录入企业资料

（续）

以下任务实训需要增值税发票认证	
24	系统业务32 报销制作形象牌费用
25	系统业务33 报销开业庆典酒宴费
26	系统业务46 报销购买组装工具费用
27	系统业务88 报销客户住宿费

任务1 报销购买账簿及记账凭证的费用

1. 任务描述

【系统业务2】2019年11月1日，财务部陈鹏从广州市佳佳文具店购买账簿及记账凭证并报销，通过网上银行转账支付。

2. 任务目标

掌握报销10万元以下金额业务的基本流程、网银汇款业务处理和账务处理。

3. 任务过程

（1）出纳将汇款申请单传递给会计主管，会计主管审核无误后传递至出纳，出纳登录网上银行系统，输入汇款信息进行汇款处理。

（2）会计主管以管理员的身份登录网上银行处理审批汇款指令。

（3）网银扣款成功，会计审核其余外来凭证传递并编制记账凭证。

（4）会计填完记账凭证后交由会计主管审核传递。

（5）出纳登记银行存款日记账，会计登记相关明细账。

➲ 网银付款业务基本流程

（1）出纳将汇款申请单传递至会计主管审核，会计主管审核无误后将汇款申请单传递至出纳，出纳登录网上银行系统。

（2）出纳以操作员身份登录网上银行系统，根据汇款申请单录入付款信息，如图2-2所示。（银行账号为公司的基本存款账号，密码/PIN码为888888，基本存款账号在【制度说明】→【财务制度】查看）

（3）会计主管以管理员身份登录网上银行系统，对出纳录入的汇款信息进行审核批准操作。（账号：公司基本存款账号，密码：123456，步骤：【指令查询与处理】→【未处理指令查询】→【审核】→【批准】→【PIN码：123456】→【确定】）

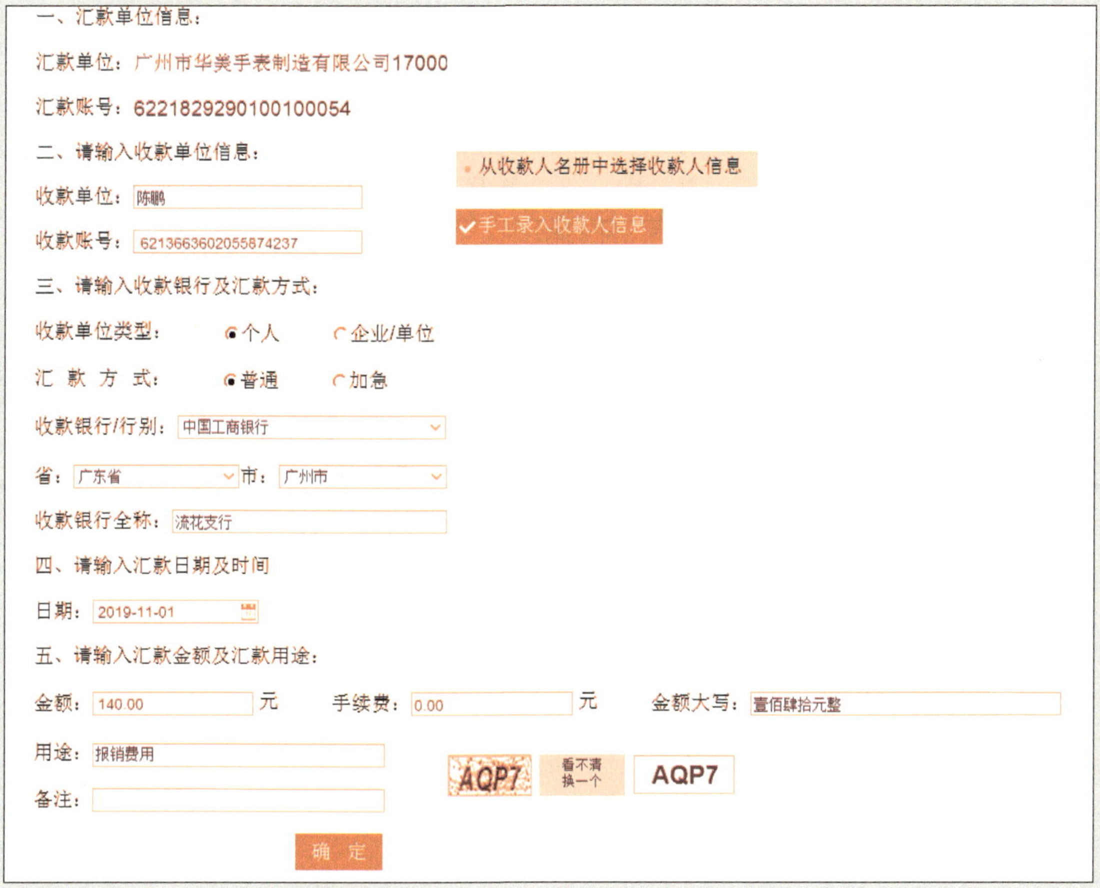

图 2-2 汇款信息录入

4. 注意事项

网上银行转账的业务都需要通过网上银行系统进行汇款处理，这样业务回单才会传递至会计填制记账凭证页面作为资料。

5. 知识延伸

（1）报销人填写支付证明单（见图2-3）或者差旅费报销单，将支付证明单、发票等单据上交后，100 000元以下（含100 000元）由财务副总审核，100 000元以上至200 000元以下（含200 000元）由总经理审核，如超出200 000元由股东大会审批并以会议纪要作为报销凭证（股东大会在本任务中省略）。该业务的支付证明单由财务副总刘明山审核。

（2）出纳根据审核的单据报销，若为现金支付时，支付证明单上需加盖现金付讫章；若为收回余款则要开具收据加盖企业财务专用章，现金收回时，要盖现金收讫章。报销基本流程如图2-4所示。

支 付 证 明 单

附件： 1 张　　　　总号 1 第 1 号

科目：管理费用——办公费　　2019 年 11 月 01 日　　分号 1 第 1 号

事由或品名	数量	单位	单价	十	万	千	百	十	元	角	分
总账账簿	1	本	10.00					1	0	0	0
三栏明细账账簿	3	本	10.00					3	0	0	0
日记账账簿	2	本	10.00					2	0	0	0
多栏式明细账账簿	2	本	10.00					2	0	0	0
共计金额	拾 万 仟 ⊗佰 捌 拾 零 元 零 角 零 分 ¥80.00										
受款人	陈鹏		未能取得单据原因								

主管人 刘明山　会计 陈鹏　出纳 何飞武　记账　证明人 陈昰一　经手人 陈鹏

图 2-3　支付证明单

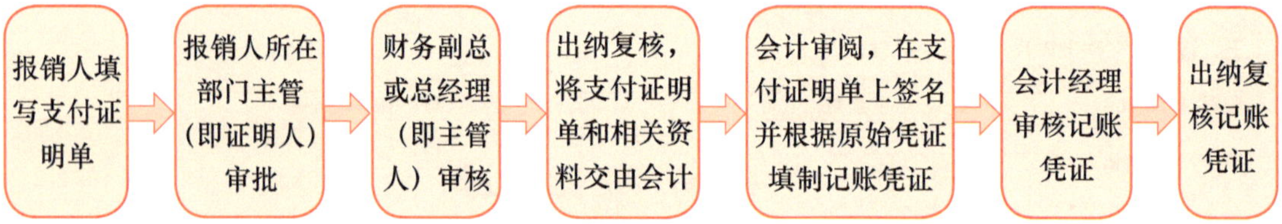

图 2-4　报销基本流程

任务2　报销筹建期发生的开办费

1. 任务描述

【系统业务3】2019年11月1日，肖建军报销筹建期发生的开办费。

2. 任务目标

掌握20万元以上金额报销业务的基本流程和账务处理。

3. 任务过程

（1）出纳将汇款申请单传递给会计主管，会计主管审核无误后传递至出纳，出纳登录网上银行系统，输入汇款信息进行汇款处理。

（2）会计主管以管理员的身份登录网上银行处理审批汇款指令。

（3）网银扣款成功，会计审核其余外来凭证传递并编制记账凭证。

（4）会计填完记账凭证之后交由会计主管审核传递。

（5）出纳登记银行存款日记账，会计登记相关明细账。

网银付款业务基本流程

（1）出纳将汇款申请单传递至会计主管审核，会计主管审核无误后将汇款申请单传递至出纳，出纳传递至网上银行系统。

（2）出纳以操作员身份登录网上银行系统，根据汇款申请单录入付款信息，如图2-5所示。（银行账号为公司的基本存款账号，密码/PIN码为888888，基本存款账号在【制度说明】→【财务制度】查看）

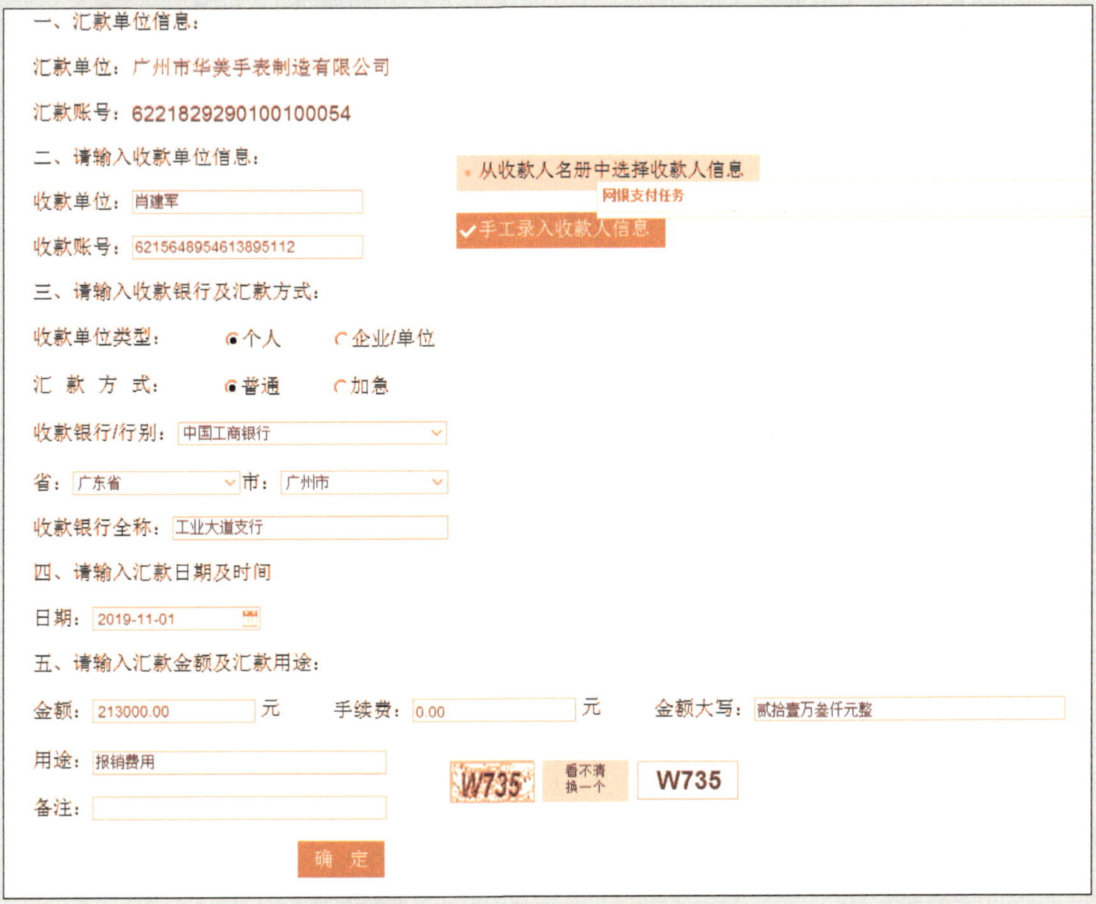

图 2-5 付款信息录入

（3）会计主管以管理员身份登录网上银行系统，对出纳录入的付款信息进行审核批准操作。（账号：公司基本存款账号，密码：123456，步骤：【指令查询与处理】→【未处理指令查询】→【审核】→【批准】→【PIN码：123456】→【确定】）

4. 知识延伸

该业务的支付证明单要由股东大会审批并以会议纪要（见图2-6）作为报销凭证。

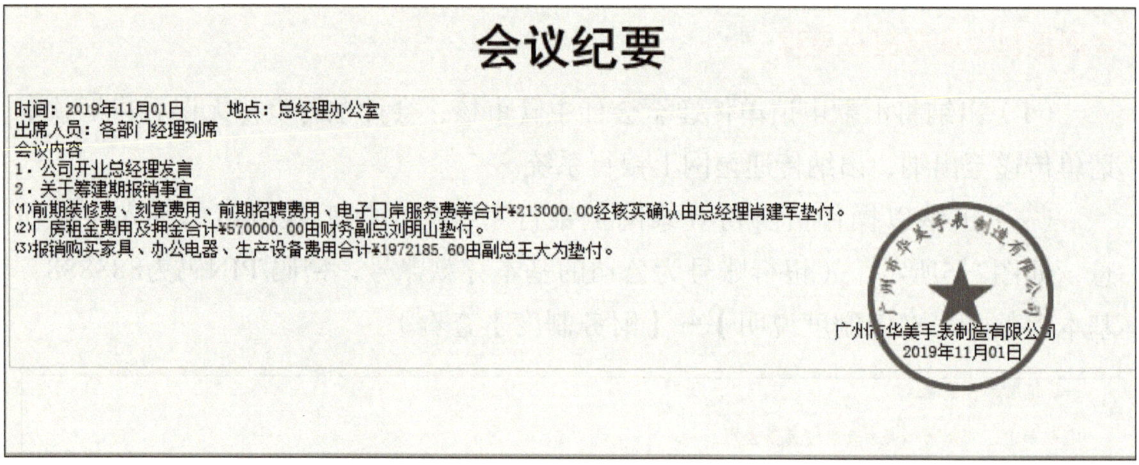

会议纪要

时间：2019年11月01日　　地点：总经理办公室
出席人员：各部门经理列席
会议内容
1. 公司开业总经理发言
2. 关于筹建期报销事宜
(1)前期装修费、刻章费用、前期招聘费用、电子口岸服务费等合计¥213000.00经核实确认由总经理肖建军垫付。
(2)厂房租金费用及押金合计¥570000.00由财务副总刘明山垫付。
(3)报销购买家具、办公电器、生产设备费用合计¥1972185.60由副总王大为垫付。

广州市华美手表制造有限公司
2019年11月01日

图 2-6　会议纪要

任务3　报销业务招待费

1. 任务描述

【系统业务11】2019年11月1日，行政部周燕丽报销业务招待费。

2. 任务目标

掌握10万元以下金额报销业务的基本流程并以现金支付。

3. 任务过程

（1）会计审核支付证明单及发票。

（2）会计根据发票及支付证明单等资料填制记账凭证。

（3）会计主管审核会计填制的记账凭证。

（4）出纳登记库存现金日记账，会计登记相关明细账。

任务4　报销采购茶具费用

1. 任务描述

【系统业务21】2019年11月2日，销售部陈铁勇报销购买总经理办公室用茶具费用。

2. 任务目标

掌握10万元以下金额报销业务的基本流程。

3. 任务过程

（1）会计根据发票及支付证明单等资料填制记账凭证。

（2）会计主管审核会计填制的记账凭证。

（3）出纳登记库存现金日记账，会计登记相关明细账。

任务5 报销购买考勤机费用

1. 任务描述

【系统业务44】2019年11月5日，销售部郭芳报销购买考勤机费用。

2. 任务过程

本任务过程请参照任务3。

任务6 报销购买咖啡费用

1. 任务描述

【系统业务52】2019年11月7日，行政部周燕丽报销因接待需要购买咖啡费用。

2. 任务过程

本任务过程请参照任务3。

任务7 报销购买装订机费用

1. 任务描述

【系统业务69】2019年11月10日，销售部陈铁勇报销替财务部门购入的装订机费用。

2. 任务过程

本任务过程请参照任务3，办公费用管理费用核算。

任务8 报销招待培训老师餐费

1. 任务描述

【系统业务72】2019年11月11日，行政部周燕丽报销招待培训老师餐费。

2. 任务过程

本任务过程请参照任务3。

任务9 报销接待客户餐费

1. 任务描述

【系统业务86】2019年11月14日，行政部周燕丽报销接待客户餐费。

2. 任务过程

本任务过程请参照任务3，用管理费用核算。

任务10 报销购买礼品费用

1. 任务描述

【系统业务87】2019年11月14日，行政部周燕丽报销购买送客户的礼品费用。

2. 任务过程

本任务过程请参照任务3。

任务11 报销购买档案袋、信封费用

1. 任务描述

【系统业务113】2019年11月18日，销售部陈铁勇报销行政管理部门买入档案袋、信封费用。

2. 任务过程

本任务过程请参照任务3。

任务12 销售部门陈铁勇报销车费

1. 任务描述

【系统业务114】2019年11月19日，销售部门陈铁勇报销外出办理紧急业务的车费。

2. 任务过程

本任务过程请参照任务3，按销售费用核算。

任务13 报销招待客户购入香烟、糖果费用

1. 任务描述

【系统业务115】2019年11月19日，行政部周燕丽报销因接待需要购买香烟、糖果费用。

2. 任务过程

本任务过程请参照任务3。

任务14 报销接待客户餐费

1. 任务描述

【系统业务135】2019年11月23日，行政部周燕丽报销接待客户餐费。

2. 任务过程

本任务过程请参照任务3。

任务15 报销招待费

1. 任务描述

【系统业务142】2019年11月25日，销售部门匡丽报销外出招待客户费用。

2. 任务过程

本任务过程请参照任务3。

任务16 报销总经办购买钢笔费用

1. 任务描述

【系统业务145】2019年11月27日，销售部陈铁勇报销总经办购买钢笔费用。

2. 任务过程

本任务过程请参照任务3。

任务17 报销购入文件夹费用

1. 任务描述

【系统业务146】2019年11月28日，销售部陈铁勇报销替行政部、财务部购入文件夹费用。

2. 任务过程

本任务过程请参照任务3。

任务18 报销租金

1. 任务描述

【系统业务4】2019年11月1日，刘明山报销3年租金。

2. 任务目标

掌握报销租金的账务处理。

3. 任务过程

（1）出纳传递汇款申请单给会计主管，会计主管审核无误后传递至出纳，出纳登录网上银行系统，输入汇款信息进行汇款处理。

（2）会计主管以管理员的身份登录网上银行处理审批汇款指令。

（3）网银转账成功，会计审核其余外来凭证传递并编制记账凭证。

（4）会计填完记账凭证后交由会计主管审核传递。

（5）出纳登记银行存款日记账，会计登记相关明细账。

➲ 网银付款业务基本流程

（1）出纳将汇款申请单传递至会计主管审核，会计主管审核无误后将汇款申请单传递至出纳，出纳传递至网上银行系统。

（2）出纳以操作员身份登录网上银行系统，根据汇款申请单录入付款信息，如图2-7所示。（银行账号为公司的基本存款账号，密码/PIN码为888888，基本存款账号在【制度说明】→【财务制度】查看）

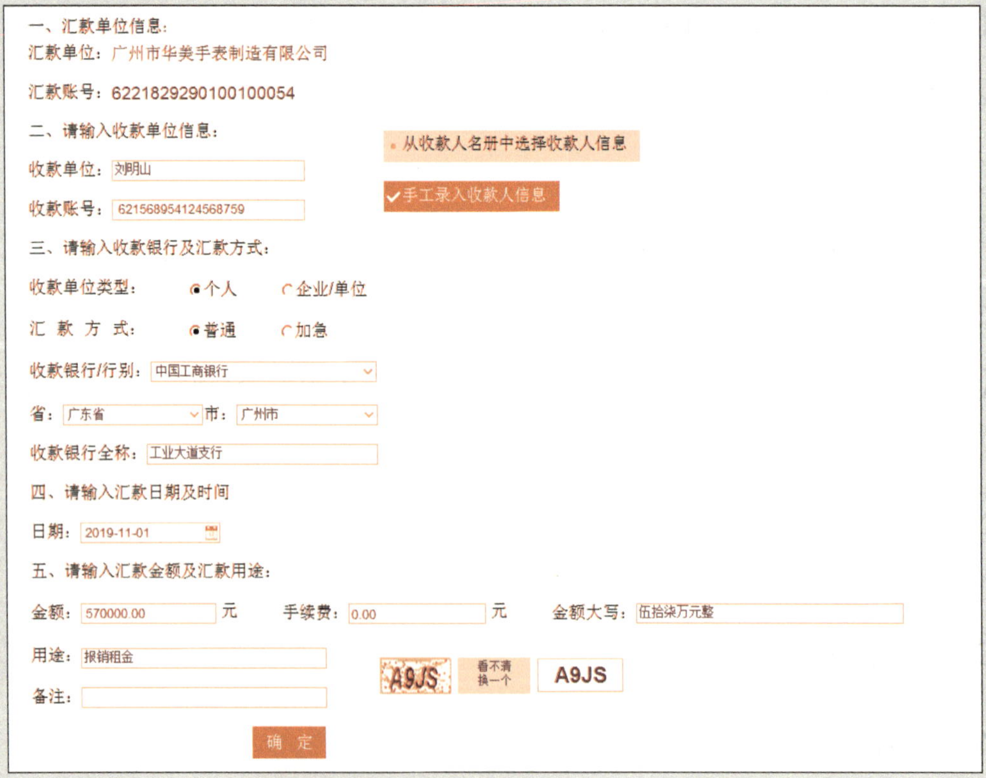

图 2-7 付款信息录入

（3）会计主管以管理员身份登录网上银行系统，对出纳录入的付款信息进行审核批准操作。（账号：公司基本存款账号，密码：123456，步骤：【指令查询与处理】→【未处理指令查询】→【审核】→【批准】→【PIN码：123456】→【确定】）

➲ 发票认证业务基本流程

（1）会计在审核原始凭证页面，将增值税专用发票审核无误后，传递至电子申报管理系统。

（2）会计登录电子申报管理系统，选择【进项发票】→【防伪税控进项专用发票】，录入增值税专用发票的内容。

（3）期末会计登录电子申报系统选择发票进行认证，登录增值税专用发票勾选认证平台进行认证操作。

（4）认证通过后，会计登录电子申报系统对认证结果执行文件导入操作。

温馨提示

A. 在操作该项内容前，需要在“基础信息”中进行一个前期设置，在“基础信息”选项中可以设置“供应商/客户资料管理”“货物信息管理”“常用税务管理”。

B. “基础信息”设置操作步骤：会计登录电子申报管理系统（用户名：admin，密码：admin）→【基础信息】→【供应商/客户资料管理】→【导入】。货物信息管理操作同上。

C. 增值税专用发票录入操作步骤：【进项发票】→【防伪税控进项专用发票】→【新增】，根据业务查看里面的票据进行录入（注意：左上角的号码是发票代码，右上角的号码是发票号码）。

注意

（1）发票认证步骤：登录发票认证平台→输入证书密码（admin）→发票勾选→认证状态选择“未认证”；勾选状态（全部）→单击【查询】→勾选全部发票→【保存】→确认勾选→【查询】→【确认】→勾选未完成申报→【提交】→确认历史明细→【导出明细】→认证结果文件导入。

（2）填制记账凭证时，要注意筹建期（即10月）的租金应记入“长期待摊费用——开办费”。

任务19 报销购买电子设备费用

1. 任务描述

【系统业务5】2019年11月1日，王大为报销购买电子设备费用。

2. 任务目标

掌握发票认证业务及账务处理。

3. 任务过程

（1）出纳将汇款申请单传递给会计主管，会计主管审核无误后传递至出纳，出纳传递至网上银行系统，登录网上银行系统，输入汇款信息进行汇款处理，如图2-8所示。

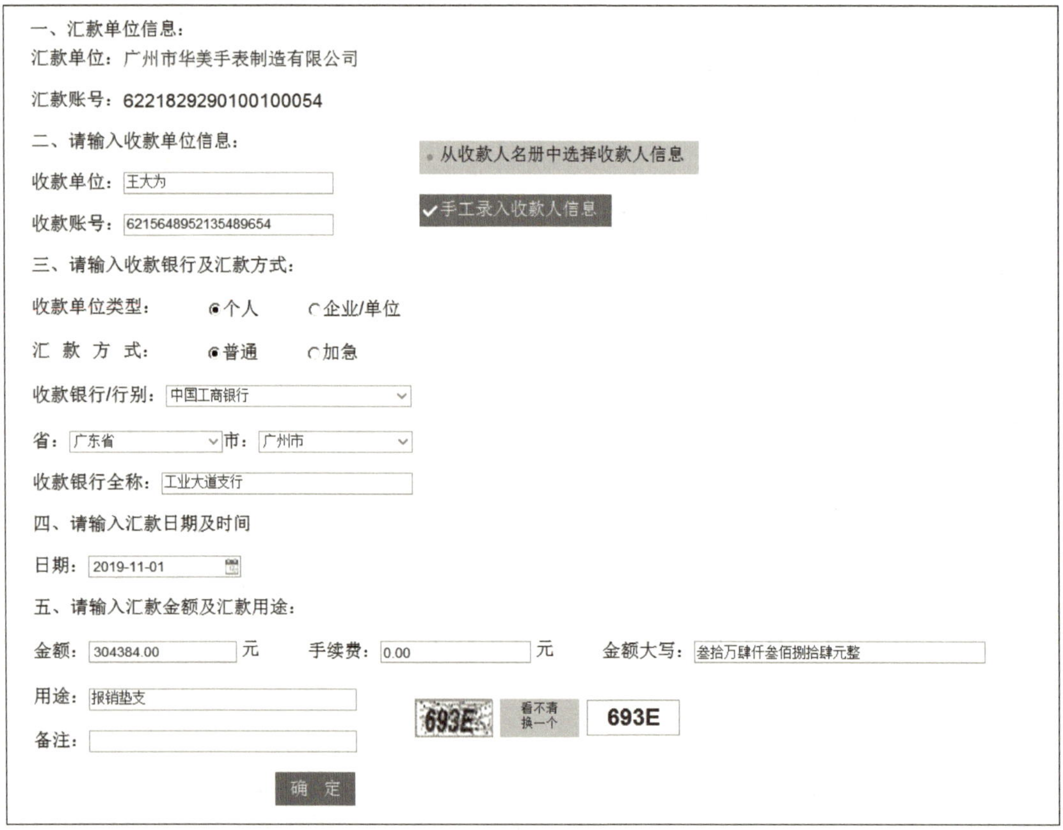

图 2-8 汇款信息录入

（2）会计主管以管理员的身份登录网上银行处理审批汇款指令。

（3）网银转账成功。

（4）会计进行发票录入（参考“发票认证业务基本流程”）。

（5）会计编制记账凭证，填完之后交由会计主管审核传递。

4. 注意事项

需在网银付款业务、发票认证业务处理完成后再根据增值税专用发票、支付证明单等原始凭证填制记账凭证。

任务20 报销购买办公用家具费

1. 任务描述

【系统业务12】2019年11月1日，王大为报销购买办公用家具费。

2. 任务过程

（1）出纳将汇款申请单传递给会计主管，会计主管审核无误后传递至出纳，出纳传递至网上银行系统，登录网上银行系统，输入汇款信息进行汇款处理。

（2）会计主管以管理员的身份登录网上银行处理审批汇款指令。

（3）网银转账成功。

（4）会计进行发票录入（参考“发票认证业务基本流程”）。

（5）会计编制记账凭证，填完之后交由会计主管审核传递。

注意

（1）会计取得增值税专用发票后，要先登录电子申报管理系统完成认证，再根据增值税专用发票等原始凭证填制记账凭证。

（2）网上银行转账的业务都需要通过网上银行系统进行汇款处理，这样业务回单才会传递至会计填制记账凭证页面作为资料。

任务21 报销购买生产设备费用

1. 任务描述

【系统业务13】2019年11月1日，王大为报销购买生产设备费用。

注意

会计取到增值税专用发票后，要先登录电子申报管理系统完成认证，再根据增值税专用发票、支付证明单等原始凭证填制记账凭证。

2. 任务过程

（1）出纳将汇款申请单传递给会计主管，会计主管审核无误后传递至出纳，出纳登录网上银行系统，输入汇款信息进行汇款处理。

（2）会计主管以管理员的身份登录网上银行处理审批汇款指令。

（3）网银转账成功。

（4）会计进行发票录入（参考“发票认证业务基本流程”）。

（5）会计编制记账凭证，填完之后交由会计主管审核传递。

任务22 报销购买办公用品费用

1. 任务描述

【系统业务26】2019年11月2日，销售部陈铁勇报销购买办公用品费用，已借支，开具收据。

2. 任务目标

掌握借支人报销业务（收回节余款）的账务处理。

3. 任务过程

（1）出纳要根据增值税专用发票、借支单复印件开具收款收据，加盖企业财务专用章和现金收讫章；会计主管审核原始单据。

（2）会计根据办公用品领用明细表、增值税专用发票和借支单复印件填制记账凭证。

（3）会计主管审核会计填制的记账凭证。

（4）出纳需要填写库存现金日记账，会计登记相关明细账。

注意

（1）该业务与系统业务23是关联业务。

（2）该业务用其他应收款核算。

（3）会计拿到增值税专用发票后，要先登录电子申报管理系统完成认证，再根据增值税专用发票等原始凭证填制记账凭证。

任务23 报销培训费并拿税控盘去税务局录入企业资料

1. 任务描述

【系统业务29】2019年11月3日，财务部会计陈鹏报销税控设备使用培训费。

2. 任务目标

掌握借支人报销业务的账务处理。

3. 任务过程

本任务过程请参照任务22。

注意

单击【补发税控盘】的时候，系统将资料自动录入税控盘中。

实训过程

此业务由B同学扮演企业会计，A同学扮演税务局工作人员。

（1）税务局柜员发放税控盘的操作步骤：单击【系统管理】→【企业资料管理】→【进入】，再单击【补发税控盘】即可。

（2）拿税控盘去税务局录入企业资料需要提供的资料：①经办人身份证原件及复印件；②营业执照副本原件及复印件。

（3）企业拿税控盘去税务局录入企业资料的具体步骤：

第一步：准备资料。

1）会计向企业法人表明要拿税控盘去税务局录入企业资料，需要在资料上加盖公章。

2）会计带齐资料前往税务局。

第二步：办理业务。

1）会计来到税务局提交资料。

2）工作人员查看资料，并对资料进行审核。资料齐全正确的，工作人员登录系统，选择【税务局】→【系统管理】→【企业资料管理】，单击【发放税控盘】（该操作必须插入硬件税控盘），企业数据将会导入税控盘。数据导入完成后将税控盘当场发给会计，将复印件留底，把资料原件返还会计。

3）会计接过资料，返回企业。

任务24 报销制作形象牌费用

1. 任务描述

【系统业务32】2019年11月3日，行政部周燕丽报销制作形象牌费用。

2. 任务过程

本任务过程请参照任务 4 。

注意

（1）营改增后，创意设计行业适用的增值税税率为6%。

（2）会计拿到增值税专用发票后，要先登录电子申报管理系统完成认证，再根据增值税专用发票等原始凭证填制记账凭证。

任务25 报销开业庆典酒宴费

1. 任务描述

【系统业务33】2019年11月4日，行政部周燕丽报销开业庆典酒宴费，部分已借支，超出借支部分用网上银行转账。

2. 任务过程

本任务过程请参照任务22。

注意

（1）该业务与系统业务30是关联业务。

（2）超出借支部分用银行存款核算。

（3）网上银行转账的业务都需要通过网上银行系统进行汇款处理，这样业务回单才会传递至会计填制记账凭证页面作为资料；出纳需要填写银行存款日记账。

任务26 报销购买组装工具费用

1. 任务描述

【系统业务46】2019年11月6日，销售部郭芳报销5日借支购买组装工具费用，填写材料验收入库单。

2. 任务目标

掌握借支人报销业务（支付超支款）的账务处理。

3. 任务过程

（1）报销人根据发票资料填写支付证明单并找到相关负责人签名审核。

（2）出纳核对发票及支付证明单，无误后支付超支部分。请收款人签名并盖上现金付讫章。

（3）会计拿到增值税专用发票后，要先登录电子申报管理系统完成认证，再根据增值税专用发票等原始凭证填制记账凭证。

（4）会计主管审核会计填制的记账凭证。

（5）出纳需要填写库存现金日记账，会计登记相关明细账。

> **注意**
>
> 该业务与系统业务42是关联业务。

任务27 报销客户住宿费

1. 任务描述

【系统业务88】2019年11月14日，行政部周燕丽报销客户支付住宿费。

2. 任务过程

本任务过程请参照任务3，用管理费用核算。

实训二 往来款业务

往来款业务实训资料，见表2-6。

表 2-6 往来款业务实训资料

任　务	系统业务
28	系统业务9　支付企业定制的工作服定金
29	系统业务14　预付采购机芯定金
30	系统业务15　支付采购表带定金
31	系统业务16　支付采购表壳、表盖定金
32	系统业务36　工作服入库并支付剩余货款

（续）

任　务	系 统 业 务
33	系统业务43　预付定金订购包装盒
34	系统业务45　机芯入库，支付剩余款项
35	系统业务50　表壳、表盖入库，支付剩余款项
36	系统业务55　包装盒入库，支付剩余货款（与系统业务43相关）
37	系统业务67　生产部技术科预定杂志
38	系统业务84　预付广告费
39	系统业务121　支付剩余广告费
40	系统业务124　预付展览费用
41	系统业务131　预收货款（与系统业务151相关）
42	系统业务148　缴纳水费
43	系统业务149　缴纳电费

任务28　支付企业定制的工作服定金

1. 任务描述

【系统业务9】2019年11月1日，向广州红棉服装有限公司定制工作服100套，通过网上银行转账支付定金。

2. 任务目标

掌握预付账款的账务处理。

3. 任务过程

（1）出纳将汇款申请单传递给会计主管，会计主管审核无误后传递至出纳，出纳登录网上银行系统，输入汇款信息进行汇款处理，如图2-9所示。

（2）会计主管以管理员的身份登录网上银行处理审批汇款指令。

（3）网银扣款成功，会计审核其余外来凭证传递并编制记账凭证。

（4）会计填完记账凭证后交由会计主管审核传递。

（5）出纳登记银行存款日记账，会计登记相关明细账。

注意

网上银行转账的业务都需要通过网上银行系统进行汇款处理，这样业务回单才会传递至会计填制记账凭证页面作为资料。

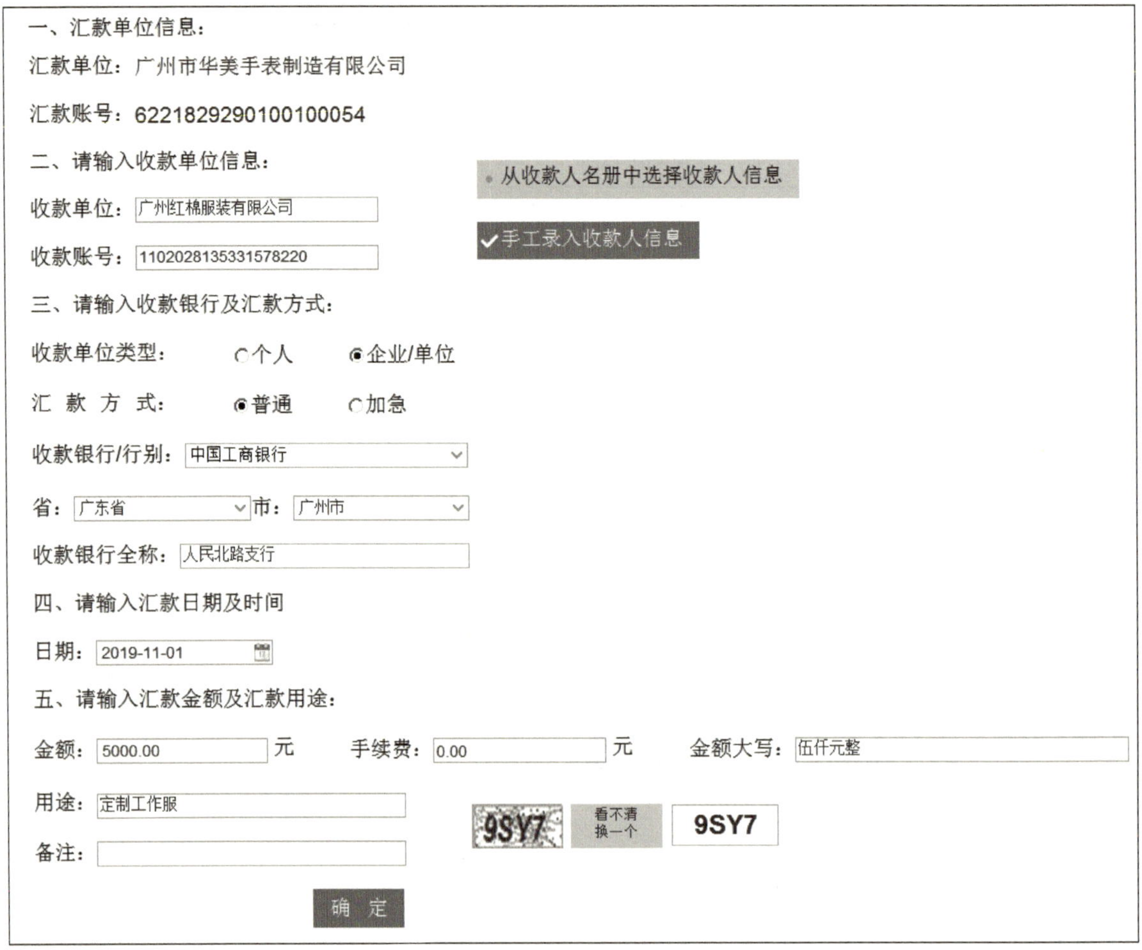

图 2-9 汇款信息录入

任务29 预付采购机芯定金

1. 任务描述

【系统业务14】2019年11月2日，国外采购机芯一批，支付总金额5%的定金，货未收，编制记账凭证。

2. 任务目标

了解国外采购货物的原始单据，掌握预付货款的账务处理。

3. 任务过程

（1）会计根据原始凭证填制记账凭证。

（2）出纳要登记银行存款日记账，会计要登记相关明细账。

注意

此处进口商品企业采取适当的支付方式进行外币支付业务。

任务30 支付采购表带定金

1. 任务描述

【系统业务15】2019年11月2日，支付广州市花城表带制造有限公司采购表带总金额5%的定金，货未收，开具转账支票。

2. 任务目标

掌握开具转账支票的流程及预付账款的账务处理。

3. 任务过程

（1）出纳根据支票申请单填写转账支票。

（2）会计主管对转账支票进行审核盖章，传递回出纳。

（3）出纳将支票存根剪下，将支票交给相关采购人员。

（4）支票到往来方收账由往来方背书到银行入账，也可以由我方进行倒背书入账（此处忽略对方公司业务处理）。

（5）会计根据支票存根及相关资料做账。

（6）会计填完记账凭证后交由会计主管审核传递。

（7）出纳要登记银行存款日记账及库存现金日记账。

实训过程

此业务由A同学扮演出纳和银行柜员，B同学扮演会计，C同学扮演会计主管。

第一步：登录财务处理系统，填写并审核转账支票。

出纳根据支票申请单填写转账支票，填写完传递至会计主管审核，会计主管审核无误后传递至出纳。

第二步：银行柜员审阅资料（切换角色）。

出纳将支票传递至银行系统，以银行柜员（account 888888）身份进入系统工作台，审阅资料后进行信息录入，并进行密码验证（123456）。

第三步：审核记账凭证并登记日记账。

会计填制完记账凭证传递至会计主管，会计主管审核无误后传递至出纳。出纳根据记账凭证登记银行存款日记账。

4. 注意事项

转账支票要划线。

任务31 支付采购表壳、表盖定金

1. 任务描述

【系统业务16】2019年11月2日，使用转账支票支付从佛山市朗杰钟表配件制造有限公司采购的表壳、表盖总金额5%的定金，开具转账支票。

2. 任务目标

掌握开具转账支票的流程及预付账款的账务处理。

3. 任务过程

本任务过程请参照任务15。

注意

转账支票要划线。

实训过程

此业务由A同学扮演出纳和银行柜员，B同学扮演会计，C同学扮演会计主管。

第一步：登录财务处理系统，填写并审核转账支票。

出纳根据支票申请单填写转账支票，填写完传递至会计主管审核，会计主管审核无误后传递至出纳。

第二步：银行柜员审阅资料（切换角色）。

出纳将支票传递至银行系统，以银行柜员身份进入系统工作台，审阅资料后进行信息录入，并进行密码验证（123456）。

第三步：审核记账凭证并登记日记账。

会计填制完记账凭证传递至会计主管，会计主管审核无误后传递至出纳。出纳根据记账凭证登记银行存款日记账。

任务32 工作服入库并支付剩余货款

1. 任务描述

【系统业务36】2019年11月4日，工作服入库，以转账支票向广州红棉服装有限公司支付余款及增值税，开具转账支票。

2. 任务目标

掌握周转材料入库并支付余款的账务处理。

3. 任务过程

本任务过程请参照任务30。

注意

（1）该企业定制的工作服用周转材料科目核算。

（2）会计拿到增值税专用发票后，要先去电子申报管理系统完成认证，再根据增值税专用发票等原始凭证填制记账凭证；出纳需要填写银行存款日记账。

任务33 预付定金订购包装盒

1. 任务描述

【系统业务43】2019年11月5日，向广州市新美包装盒批发有限公司订购包装盒并以转账支票支付定金。

2. 任务过程

本任务过程请参照任务30。

任务34 机芯入库，支付剩余款项

1. 任务描述

【系统业务45】2019年11月6日，11月2日购入机芯入库，办理境外汇款支付瑞士德隆集团剩余货款，计算入库价格并填制材料验收入库通知单。

注意

（1）出纳拿到汇款申请单需要先去网银系统进行汇款支付。

（2）该业务与系统业务14是关联业务，核算的是原材料。

（3）会计拿到海关进口增值税专用缴款书、海关关税专用缴款书后，要先去电子申报管理系统进行录入（录入前需要设置一下口岸信息，口岸名称为：广州口岸口岸编码：1023），再根据海关进口增值税专用缴款书、海关关税专用缴款书等原始凭证填制记账凭证。

2. 任务目标

该业务款支付采用境外汇款，缴纳的税款用网上银行支付。该业务要求掌握境外汇款的操作流程。

➲ 实训过程

此业务由A同学扮演银行柜员和经办员出纳，B同学扮演会计，C同学扮演会计主管。

（1）企业办理境外汇款需要准备的资料：①进口合同；②进口付汇备案表（外汇局已审批盖章）；③进口货物报关单（预付时无须报关单）；④形式发票（系统业务14预付款时使用）；⑤填好的境外汇款申请书（一式三份）；⑥填好的贸易进口付汇核销单（一式三份）。

（2）银行需要提供的资料：①境外汇款申请书（一式三份）；②贸易进口付汇核销单（一式三份）。

（3）企业办理境外汇款的基本流程：

出纳到银行领取境外汇款申请书（一式三份）、贸易进口付汇核销单（一式三份），出纳回到企业填写好境外汇款申请书、贸易进口付汇核销单，并盖好章，携带相关业务的进口合同及外汇局已审批盖章的进口付汇备案表、进口货物报关单（货到付款）、形式发票（预付款时用）到银行办理境外汇款。

（4）企业办理境外汇款的具体步骤：

第一步：准备资料。

1）出纳到银行领取境外汇款申请书（一式三份）、贸易进口付汇核销单（一式三份），回到企业填写后去行政主管处加盖公章，并借用其他资料，登记借用记录。

2）出纳带齐资料前往银行。

第二步：办理业务。

1）出纳带着所有资料，来到银行提交。

2）银行柜员审核资料，如资料不齐则退还资料要求补齐，如资料信息填写不一致或资料没按要求填写，重新发放表格让客户填写。

3）资料审核无误，银行柜员在境外汇款申请书（一式三份）、贸易进口付汇核销单（一式三份）的银行专用栏上填上相关信息，在银行签章栏盖上业务专用章。

4）银行柜员进入系统，办理境外汇款业务，提示客户输入支付密码，出纳输入密码。

5）确认款项汇出成功后，银行柜员分别将已盖章的境外汇款申请书（一式三份）和贸易进口付汇核销单第一联银行留存、第二联外汇管理留存联取走；把第三联退进口单位联及其他资料退回客户。

第三步：完成办理。

1）出纳收好退还资料，离开银行。

2）出纳回到企业后归还借用的资料。

任务35 表壳、表盖入库，支付剩余款项

1. 任务描述

【系统业务50】2019年11月7日，11月2日购入表壳、表盖入库，开出转账支票支付剩余款。

2. 任务过程

本任务过程请参照任务30。

注意

（1）该业务与系统业务16是关联业务，核算的是原材料，且用转账支票支付余款，转账支票要划线。

（2）会计拿到增值税专用发票后，要先去电子申报管理系统完成认证，再根据增值税专用发票等原始凭证填制记账凭证。

任务36 包装盒入库，支付剩余货款

1. 任务描述

【系统业务55】2019年11月8日，11月5日购入包装盒入库，并开出转账支票支付剩余货款。

2. 任务过程

本任务过程请参照任务30。

任务37 生产部技术科预定杂志

1. 任务描述

【系统业务67】2019年11月10日，生产部技术科曾向文预定钟表杂志。

2. 任务目标

掌握相关部门支付费用的账务处理。

3. 任务过程

本任务过程请参照任务3。

任务38 预付广告费

1. 任务描述

【系统业务84】2019年11月13日，用转账支票预付广告费。

2. 任务过程

本任务过程请参照任务30。

任务39 支付剩余广告费

1. 任务描述

【系统业务121】2019年11月20日，支付剩余广告费及增值税。

2. 任务目标

掌握支付剩余广告费的账务处理。

3. 任务过程

本任务过程请参照任务29。

注意

会计拿到增值税专用发票后，要先登录电子申报管理系统完成认证，再根据增值税专用发票等原始凭证填制记账凭证。

任务40 预付展览费用

1. 任务描述

【系统业务124】2019年11月20日，以网银转账预付下月钟表展的展览费。

2. 任务过程

本任务过程请参照任务30，但本业务通过网银转账完成。

任务41 预收货款

1. 任务描述

【系统业务131】2019年11月22日，预收香港时间廊（广州市）钟表有限公司货款。

2. 任务目标

掌握收到转账支票的处理方法和预收货款的账务处理。

3. 任务过程

该业务用预收账款核算且不存在现金折扣。

任务42 缴纳水费

1. 任务描述

【系统业务148】2019年11月30日，支付水费，暂记入“应付账款”，期末再进行分配。

2. 任务目标

掌握缴纳水费的账务处理。

3. 任务过程

（1）自来水公司向客户开户银行发出扣费税金申请。

（2）银行扣费且向客户发放批扣回单。

（3）会计根据银行批扣回单及增值税专用发票等资料填制记账凭证。

（4）会计主管审核会计填制的记账凭证。

（5）出纳需要登记银行日记账，会计登记相关明细账。

实训过程

第一步：登录财务处理系统，录入业务信息。

（1）会计在原始凭证审核的时候看到增值税进项票需要将其传递至电子申报管理系统进行录入并认证。

（2）出纳在案例首页切换角色至“其他”，选择其他实体的自来水公司进入，单击【业务设置】搜索该笔业务，单击【选择】将该业务设置为扣款业务，然后选择缴费内容的设置。单击【新增】录入缴费内容（水费）、数量（2 000）、单价（1.20），选择税率为9%，金额、税费、缴费金额合计的数据会自动生成，单击【保存】→【返回】，选择【扣款】即扣款成功。

第二步：登录银行系统进行业务处理。

银行柜员选择【业务处理】→【委托扣款业务】→【批扣回单发放】，输入企业名称、交易日期后，单击【查询】，选择该条数据单击【发放】即可发放至企业。

第三步：填写记账凭证并登记日记账。

会计根据银行批扣回单及增值税专用发票填写记账凭证，出纳需要登记银行存款日记账。

任务43 缴纳电费

1. 任务描述

【系统业务149】2019年11月30日，支付电费，暂记入“应付账款”，期末再进行分配。

2. 任务目标

掌握缴纳电费的账务处理。

3. 任务过程

本任务过程请参照任务42。

注意

注意缴费内容为电费、数量为 6 125、单价为 1.60、增值税税率为 13%。

实训三 采购业务

采购业务实训资料，见表2-7。

表 2-7 采购业务实训资料

任务	系统业务
44	系统业务17 支付钛合板运输费
45	系统业务18 采购钛合板
46	系统业务19 采购黄金
47	系统业务20 采购钻石
48	系统业务25 采购氧化铝合粉
49	系统业务51 表带入库，剩余货款未付

任务44 支付钛合板运输费

1. 任务描述

【系统业务17】2019年11月2日，销售部陈铁勇报销支付给广州市友邦物流有限公司钛合板的运输费。

2. 任务目标

掌握支付运输费用的账务处理以及电子申报管理系统增值税专用发票录入的流程。

注意

运输费涉及材料未入库，用在途物资核算。

3. 任务过程

（1）会计取得增值税专用发票及相关单据并进行审核，先登录电子申报管理系统进行录入并认证，再根据增值税专用发票和支付证明单填制记账凭证。

（2）会计主管审核会计填制的记账凭证。

（3）出纳登记库存现金日记账，会计登记相关明细账。

任务45 采购钛合板

1. 任务描述

【系统业务18】2019年11月2日，向佛山市龙腾金属有限公司采购钛合板，材料入库，通过网上银行转账支付。

2. 任务目标

掌握购买货物并入库的账务处理。

3. 任务过程

（1）出纳将汇款申请单传递至网上银行系统，登录网上银行系统，输入汇款信息进行汇款处理；会计主管以管理员的身份登录网上银行，处理审批汇款指令；网银扣款成功。

（2）会计根据收到的增值税专用发票填写材料入库价格计算表和材料验收通知单，会计审核发票无误后计算出入库价格填入入库单并签名，再交会计主管审核签名。

（3）会计根据业务回单、增值税专用发票、材料入库价格计算表和材料验收通知单填制记账凭证。

（4）会计主管审核会计编制的记账凭证。

（5）出纳登记库存现金日记账，会计登记相关明细账。

4. 注意事项

（1）由于该业务之前已支付运费（即系统业务17），所以要计入材料入库成本，并且用“在途物资”科目来核算已缴纳的运费。

（2）会计取得增值税专用发票后，要先登录电子申报管理系统完成认证，再根据增值税专用发票等原始凭证填制记账凭证。

（3）网上银行转账的业务都需要通过网上银行系统进行汇款处理，这样业务回单才会传递至会计填制记账凭证页面作为资料。

任务46 采购黄金

1. 任务描述

【系统业务19】2019年11月2日，向广东省贵金属交易有限公司采购黄金，并以转账支票支付，材料已验收入库，开具转账支票。

2. 任务目标

掌握购买货物并入库的账务处理。

3. 任务过程

本任务过程请参照任务30。

任务47 采购钻石

1. 任务描述

【系统业务20】2019年11月2日，向广州市宝丽珠宝有限公司采购钻石，并以转账支票支付，材料已验收入库，开具转账支票。

2. 任务目标

掌握开具转账支票的流程

3. 任务过程

本任务过程请参照任务30。

任务48 采购氧化铝合粉

1. 任务描述

【系统业务25】2019年11月2日，销售部郭芳报销采购氧化铝合粉费用，以现金支付，材料已验收入库，填写材料验收入库单。

2. 任务目标

掌握10万元以下金额报销业务的基本流程。

3. 任务过程

（1）会计审核发票、支付证明单以及仓库传来的入库单并填制记账凭证。

（2）会计主管审核会计填制的记账凭证。

（3）出纳登记库存现金日记账，会计登记相关明细账。

实训过程

（1）会计在原始凭证页面，将增值税专用发票审核无误后，传递至电子申报管理系统。

（2）会计登录电子申报管理系统，选择【进项发票】→【防伪税控进项专用发票】，录入增值税专用发票的内容。

（3）期末会计登录电子申报系统，选择【发票认证】，登录增值税专用发票勾选认证平台，进行认证操作。

（4）认证通过后，会计登录电子申报系统对认证结果文件执行导入操作。

任务49 表带入库，剩余货款未付

1. 任务描述

【系统业务51】2019年11月7日，11月2日购入表带入库，剩余货款尚未支付。

2. 任务过程

（1）会计取得增值税专用发票后，要先登录电子申报管理系统完成认证，再根据增值税专用发票等原始凭证填制记账凭证。

（2）会计主管审核会计填制的记账凭证。

（3）会计登记相关明细账。

注意

该业务与系统业务15是关联业务，核算的是原材料，且余款未付。

实训四　生产加工业务

生产加工业务实训资料见表2-8。

表 2-8　生产加工业务实训资料

任　务	系统业务
50	系统业务37　生产部电镀车间领用工作服
51	系统业务38　电镀车间领用氧化铝合粉
52	系统业务39　电镀车间领用钛合板
53	系统业务41　生产部加工车间领用工作服
54	系统业务47　电镀车间移交半成品给加工车间（58、70、83、90、103）
55	系统业务48　加工车间领用黄金（60、80、97、105、119）
56	系统业务49　加工车间领用钻石（61、81、98、106、120）
57	系统业务54　生产部组装车间领用工作服
58	系统业务59　加工车间自制半成品入库（74、93、104、118、125）
59	系统业务62　生产部组装车间领用机芯（78、96、111、129、141）
60	系统业务63　生产部组装车间领用表壳、表盖（77、95、110、128、140）
61	系统业务64　生产部组装车间领用组装工具
62	系统业务65　生产部组装车间领用表带（79）
63	系统业务66　生产部组装车间领用华美2.5表盘
64	系统业务68　生产部组装车间领用包装盒
65	系统业务73　生产部组装车间产成品入库（92、108、126、138、147）
66	系统业务76　生产部组装车间领用表盘（109、127、139）
67	系统业务94　生产部组装车间领用华美3.5表盘

任务50 生产部电镀车间领用工作服

1. 任务描述

【系统业务37】2019年11月4日，生产部电镀车间领用工作服。

2. 任务目标

掌握车间领用周转材料的账务处理。

3. 任务过程

（1）会计根据材料领用单、周转材料在用明细表填制记账凭证。
（2）会计主管审核会计填制的记账凭证。
（3）会计登记相关明细账。

任务51 电镀车间领用氧化铝合粉

1. 任务描述

【系统业务38】2019年11月4日，电镀车间领用氧化铝合粉。

2. 任务过程

单据审核、传递。该业务暂不做账，期末一次核算。

任务52 电镀车间领用钛合板

1. 任务描述

【系统业务39】2019年11月4日，电镀车间领用钛合板。

2. 任务过程

单据审核、传递。该业务暂不做账，期末一次核算。

任务53 生产部加工车间领用工作服

1. 任务描述

【系统业务41】2019年11月5日，生产部加工车间领用工作服。

2. 任务过程

本任务过程请参照任务50。

任务54 电镀车间移交半成品给加工车间

1. 任务描述

【系统业务47】2019年11月7日，电镀车间移交半成品华美2.5表盘给加工车间（暂不做账，期末一次核算）。

2. 任务过程

单据审核、传递。该业务暂不做账，期末一次核算。练习系统业务58、70、83、90、103。

任务55 加工车间领用黄金

1. 任务描述

【系统业务48】2019年1月7日，加工车间领用黄金（暂不做账，期末一次核算）。

2. 任务过程

单据审核、传递。该业务暂不做账，期末一次核算。练习系统业务60、80、97、105、119。

任务56 加工车间领用钻石

1. 任务描述

【系统业务49】2019年11月7日，加工车间领用钻石。

2. 任务过程

单据审核、传递。该业务暂不做账，期末一次核算。练习系统业务61、81、98、106、120。

任务57 生产部组装车间领用工作服

1. 任务描述

【系统业务54】2019年11月8日，生产部组装车间领用工作服。

2. 任务过程

本任务过程请参照任务50。

任务58 加工车间自制半成品入库

1. 任务描述

【系统业务59】2019年11月9日，加工车间自制半成品华美2.5表盘入库。

2. 任务过程

单据审核、传递。该业务暂不做账，期末一次核算。练习系统业务74、93、104、118、125。

任务59 生产部组装车间领用机芯

1. 任务描述

【系统业务62】2019年11月9日，生产部组装车间领用德龙2.5机芯。

2. 任务过程

单据审核、传递。该业务暂不做账，期末一次核算。练习系统业务78、96、111、129、141。

任务60 生产部组装车间领用表壳、表盖

1. 任务描述

【系统业务63】2019年11月9日，生产部组装车间领用华美2.5表壳、2.5表盖。

2. 任务过程

单据审核、传递。该业务暂不做账，期末一次核算。练习系统业务77、95、110、128、140。

任务61 生产部组装车间领用组装工具

1. 任务描述

【系统业务64】2019年11月9日，生产部组装车间领用组装工具15套。

2. 任务过程

本任务过程请参照任务50。

任务62 生产部组装车间领用表带

1. 任务描述

【系统业务65】2019年11月9日，生产部组装车间领用1.8真皮表带及1.8金属表带各150个。

2. 任务过程

单据审核、传递。该业务暂不做账，期末一次核算。练习系统业务79。

任务63 生产部组装车间领用华美2.5表盘

1. 任务描述

【系统业务66】2019年11月9日，生产部组装车间领用华美2.5表盘。

2. 任务过程

单据审核、传递。该业务暂不做账，期末一次核算。

任务64 生产部组装车间领用包装盒

1. 任务描述

【系统业务68】2019年11月10日，生产部组装车间领用包装盒。

2. 任务过程

单据审核、传递。该业务暂不做账，期末一次核算。

任务65 生产部组装车间产成品入库

1. 任务描述

【系统业务73】2019年11月12日，生产部组装车间产成品华美Ev女式手表入库。

2. 任务过程

单据审核、传递。该业务暂不做账，期末一次核算。练习系统业务92、108、126、138、147。

任务66 生产部组装车间领用表盘

1. 任务描述

【系统业务76】2019年11月12日，生产部组装车间领用华美3.0表盘。

2. 任务过程

单据审核、传递。该业务暂不做账，期末一次核算。练习系统业务109、127、139。

任务67 生产部组装车间领用华美3.5表盘

1. 任务描述

【系统业务94】2019年11月15日，生产部组装车间领用华美3.5表盘。

2. 任务过程

单据审核、传递。该业务暂不做账，期末一次核算。

实训五 销售业务

销售业务实训资料，见表2-9。

表 2-9 销售业务实训资料

任 务	系 统 业 务
68	系统业务102 销售商品给香港时间廊钟表有限公司
69	系统业务112 销售商品给北京大华贸易有限公司
70	系统业务117 收到货款（与系统业务102相关）
71	系统业务136 销售商品给上海市美云贸易有限公司
72	系统业务137 报销货物运输费
73	系统业务151 按合约销售商品给香港时间廊钟表有限公司

任务68 销售商品给香港时间廊钟表有限公司

1. 任务描述

【系统业务102】2019年11月16日，与香港时间廊钟表有限公司广州分公司签订销货合同，销售华美EP女式手表、华美EP男式手表并出货，给予2/10、1/20、n/30条件现金折扣，开具增值税专用发票。

2. 任务目标

掌握如何开具增值税专用发票以及销售商品的账务处理。

3. 任务过程

（1）会计登录开票系统，根据支票申请单及购销合同进行开票。

（2）会计将增值税专用发票记账联交给会计主管审核，会计主管审核无误传递给会计作为记账依据（若有误可退回报废重开发票）。

（3）会计根据增值税专用发票、购销合同复印件和商品出库单填制记账凭证。

（4）会计主管审核会计填制的记账凭证。

（5）会计登记相关明细账。

➲ 实训过程

企业在首次开出增值税专用发票之前必须先去税务局领购增值税专用发票，此业务由A同学扮演税务局工作人员，B同学扮演经办人会计，C同学扮演行政主管。

（1）企业首次领购增值税专用发票的具体步骤：

第一步：登录税务局网站，并进行实名认证。

登录电子税务局网站，进行实名认证，如图2-10和图2-11所示。点击【业务查看】可查看企业办税人员的信息。

第二步：领用发票。

会计登录电子税务局平台，申请领用发票，选择【发票管理】→【发票领用】，填写相关信息，单击【提交】即完成办理，如图2-12所示。

第三步：税务局柜员发放发票。

税务局柜员选择【税务管理】→【发票管理】，选择【发放发票】后会跳出“插入税控盘”动画后进入发放发票页面。输入数量、发票代码及发票号码后单击【确定】即发放成功，如图2-13所示。

（2）企业填开增值税专用发票的具体步骤：

第一步：登录财务处理系统传递发票。

会计单击【原始凭证填制】并选择该笔业务，单击右侧任务描述会提示“请直接传递到开票系统开票”，将该笔业务传递开票系统。

第二步：登录开票系统填开发票。

首次进入专业发票填写需要在系统设置中进行初始化设置，初始化成功后，单击【客户编码】添加客户，单击【商品编码】添加商品。操作完成后选择【发票管理】→【专业发票填开】，进入发票填开界面，根据业务填写发票，填写完成后，单击【打印】即可。

之后会计登录电子申报管理系统，选择【销项发票管理】，单击【添加】，完成录入。或单击【打印】后，回到主页面选择【报税处理】，单击【抄税】，抄税成功后单击【资料传出】，传出文件后再登录电子申报管理系统导入文件。

（3）企业作废增值税专用发票的具体步骤：

会计登录增值税防伪开票系统主页面，选择【发票管理】并单击【发票作废】进入发票作废页面（见图2-14），选择【已开发票作废】进入已开发票作废页面（见图2-15），单击【作废】即可。

图 2-10　登录税务局网站

图 2-11　实名认证

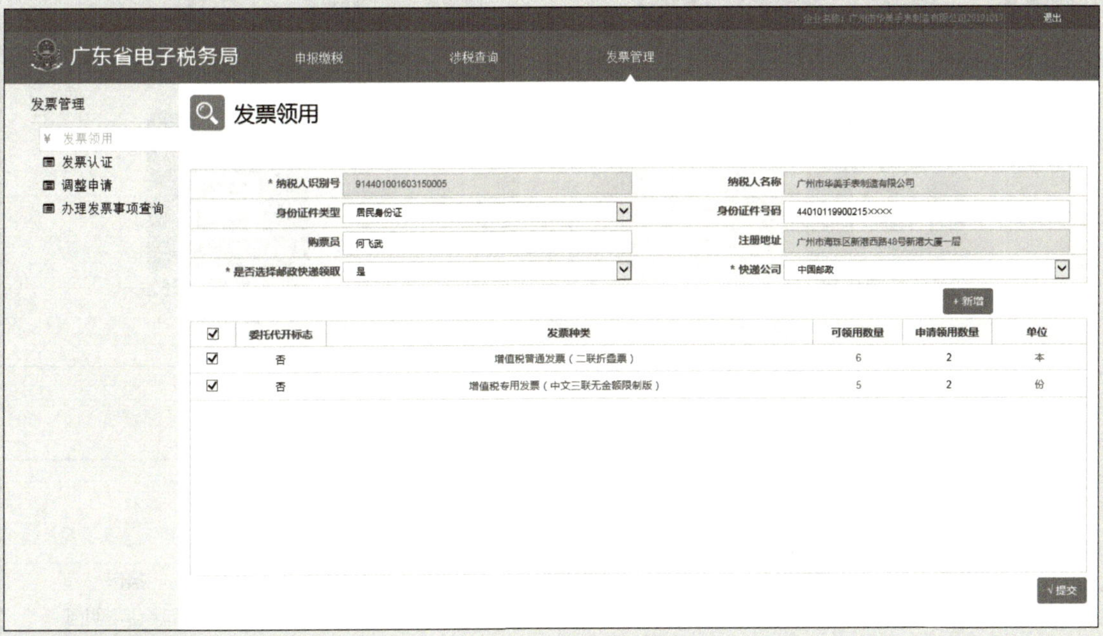

图 2-12　领用发票

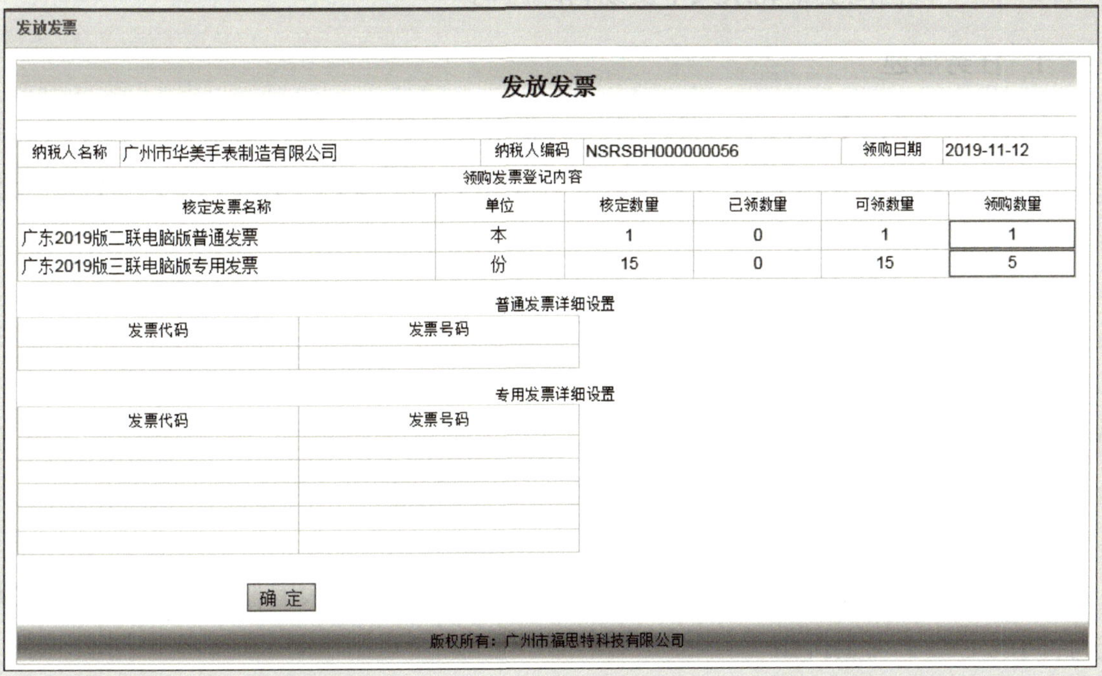

图 2-13　发放发票

图 2-14 发票作废页面

已开发票作废

发票种类	类别代码	发票号码	购方名称	操作
普通发票	044001910404	99956501	广州市华美手表制造有限公司001	作废 查看明细

图 2-15 已开发票作废页面

任务69 销售商品给北京大华贸易有限公司

1. 任务描述

【系统业务112】2019年11月18日，与北京大华贸易有限公司签订销货合同，销售华美EP女式手表、华美EP男式手表，并出货，给予2/10、1/20、n/30条件现金折扣，开具增值税专用发票。

2. 任务过程

本任务过程请参照任务68。

任务70 收到货款

1. 任务描述

【系统业务117】2019年11月19日，收到香港时间廊钟表有限公司16日购货款并按合同规定给予现金折扣。

2. 任务目标

掌握通过转账支票收到货款及给予现金折扣的账务处理。

3. 任务过程

（1）出纳收到转账支票进行背书（盖企业财务专用章）并填写进账单。

（2）出纳将背书好的转账支票交会计主管审核并盖法人章。

（3）出纳持审核好的转账支票及进账单到银行办理转账。

（4）银行柜员审核支票，核对进账单。审核无误后进行转账操作，收好转账支票作为备底，然后在进账单第一、三联次盖上银行转讫章（如果当场到账把第一、三联交还企业，若没有当场到账将第一联退企业，待到账后将第三联寄给企业）。

（5）企业会计凭第一联或第三联进账单入账，凭第一联进账单做账，若最后没收到银行寄来第三联进账单而是收到退票通知书，会计根据资料填写记账凭证。

注意

转账支票被背书人处要写上“委托收款”字样。

（6）会计主管审核会计填写的记账凭证。

（7）出纳填写银行日记账，会计登记相关明细账。

任务71 销售商品给上海市美云贸易有限公司

1. 任务描述

【系统业务136】2019年11月23日，与上海市美云贸易有限公司签订销货合同，销售华美EV女式手表、华美EV男式手表，并出货，给予2/10、1/20、n/30现金折扣，开具增值税专用发票。

2. 任务过程

本任务过程请参照任务68。

任务72 报销货物运输费

1. 任务描述

【系统业务137】2019年11月23日，销售采购部陈铁勇报销因销售产品发生贵重货物空运费用。

2. 任务过程

本任务过程请参照任务44，但该业务用销售费用核算。

任务73 按合约销售商品给香港时间廊钟表有限公司

1. 任务描述

【系统业务151】2019年11月30日，按照22日与香港时间廊钟表有限公司签订销货合同，销售华美EX女式手表、华美EX男式手表，并出货，已预付部分货款，给予0.2%的商业折扣，尚未收到剩余款项。

2. 任务目标

掌握销售商品尚未收到剩余款项的账务处理。

3. 任务过程

本任务过程请参照任务68。

4. 注意事项

（1）该业务与系统业务131是关联业务，用预收账款核算。

（2）税务会计开具增值税专用发票时，要登录电子申报管理系统进行录入，再打印出来。

实训六 其他业务

其他业务实训资料，见表2-10。

表2-10 其他业务实训资料

任 务	系 统 业 务
74	系统业务1 确认实收资本
75	系统业务7 购买支票
76	系统业务8 购买业务委托书
77	系统业务10 提取现金备用（31、85、132、175）
78	系统业务22 订购水
79	系统业务34 收到礼金
80	系统业务35 将收到礼金送存银行
81	系统业务23 借支购买办公用品

（续）

任务	系统业务
82	系统业务27　借支支付培训费
83	系统业务30　借支举办开业典礼
84	系统业务42　借支购买组装工具
85	系统业务40　借支差旅费（57、101、116）
86	系统业务53　报销差旅费（82、122、130）
87	系统业务75　盘点库存现金
88	系统业务107　处理盘盈现金
89	系统业务99　网上购买机票
90	系统业务100　收到退回押金
91	系统业务133　缴纳社保费用
92	系统业务134　缴纳住房公积金
93	系统业务159　计提坏账准备

任务74　确认实收资本

1. 任务描述

【系统业务1】2019年11月1日，确认实收资本。

2. 任务目标

掌握确认实收资本的账务处理。

3. 任务过程

（1）企业正式成立后，会计对资金汇划补充凭证进行审核（见图2-16），审核后选择记账凭证填制，根据资料填制记账凭证（见图2-17）。

（3）填完之后交由会计主管审核。

（4）出纳登记银行存款日记账，会计登记相关明细账。

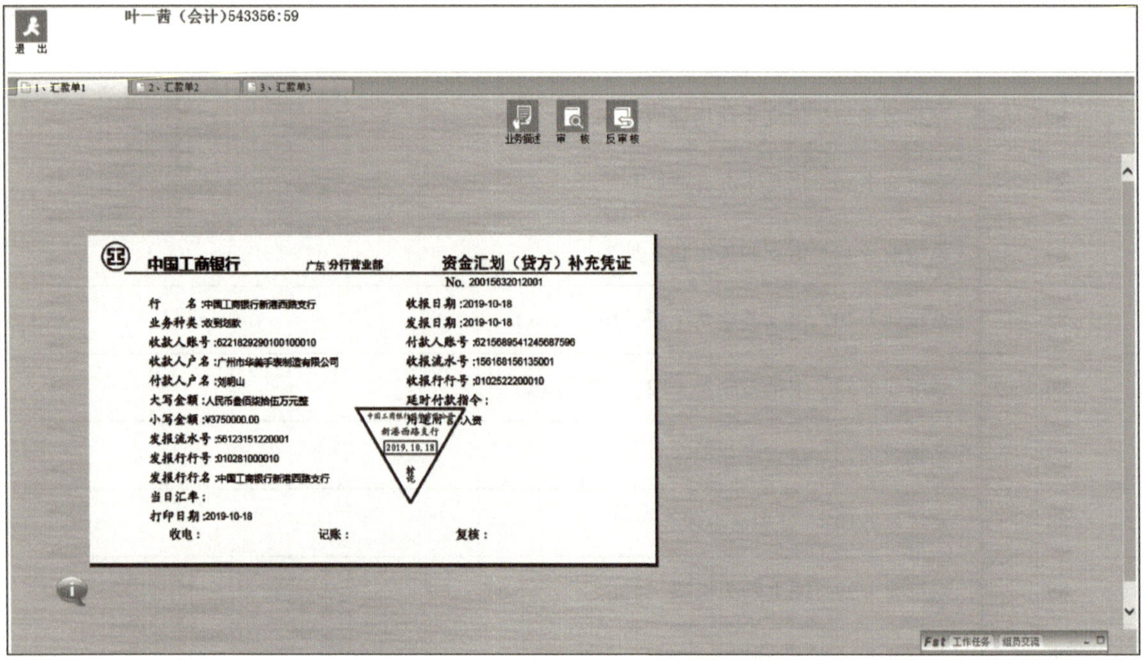

图 2-16 审核资金汇划补充凭证

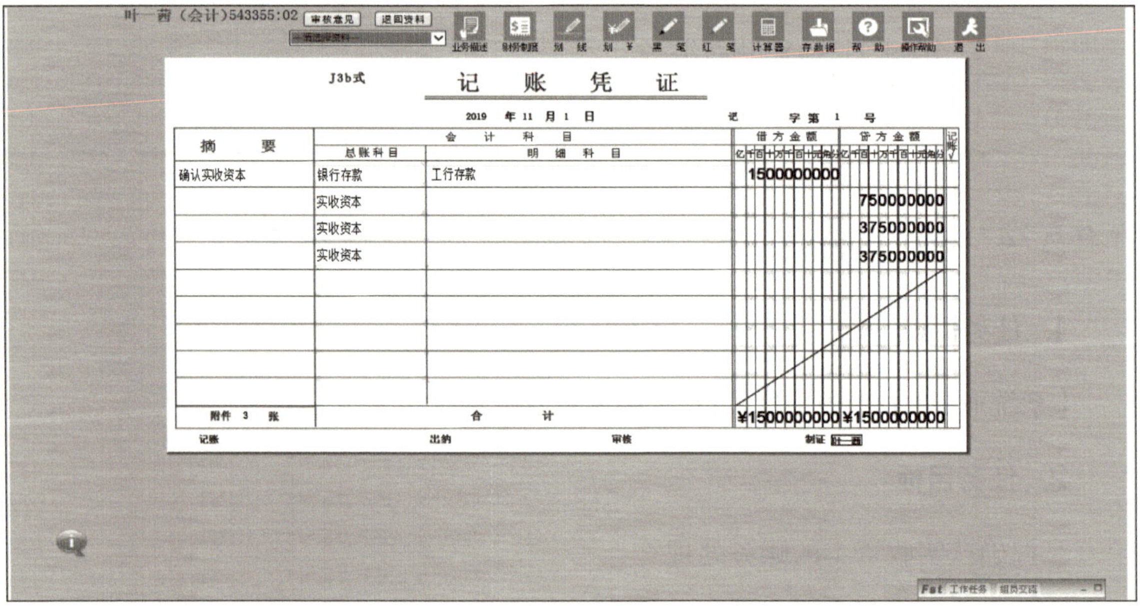

图 2-17 填制记账凭证

任务75 购买支票

1. 任务描述

【系统业务7】2019年11月1日，购买1份支票，每份60元。

2. 任务目标

掌握购买支票的业务及账务处理。

3. 任务过程

（1）出纳按购买需求填写收费凭证。

（2）会计主管审核无误后传至出纳，出纳传至银行处理。

（3）银行柜员盖章处理后退回回单联及打印银行业务回单。

（4）会计根据收费凭证、银行业务回单等填制记账凭证。

（5）填完之后交由会计主管审核传递。

（6）出纳登记银行存款日记账，会计登记相关明细账。

注意

选择业务为“出售支票”。

➲ 实训过程

此业务由A同学扮演出纳和银行柜员，B同学扮演会计，C同学扮演会计主管。演示视频见视频2-1。

视频 2-1 购买支票业务

（1）出纳登录财务处理系统，在填制原始凭证的页面填制收费凭证（资料在“财务制度”中查看），填写完传递至会计主管，会计主管审核无误后传递至出纳岗位，出纳再传递至银行系统。

（2）银行柜员登录银行系统，选择【工作台】→【出售支票办理】，在录入信息页面选择日期并单击【办理】功能键。出售成功后，系统将自动把收费凭证、银行业务回单传递至财务处理系统的会计岗位。

（3）会计登录财务处理系统会计岗位，根据收费凭证、银行业务回单及相关资料填制记账凭证。

（4）出纳登记银行日记账，会计登记财务费用多栏式明细账。

任务76 购买业务委托书

注意

选择业务为“出售凭证”。

1. 任务描述

【系统业务8】2019年11月1日，购买25张业务委托书，每张1元。

2. 任务目标

掌握购买业务委托书的业务及账务处理。

3. 任务过程

本任务过程请参照任务75。

实训过程

（1）出纳登录财务处理系统在填制原始凭证的页面填制收费凭证（资料在“财务制度”中查看），填写完传递至会计主管，会计主管审核无误后传递至出纳岗位，出纳再传递至银行系统。

（2）银行柜员登录银行系统，选择【工作台】→【出售凭证办理】，在录入信息页面选择日期并单击【办理】。出售成功后，系统将自动把收费凭证、银行业务回单传递至财务处理系统的会计岗位。

（3）会计登录财务处理系统会计岗位，根据收费凭证、银行业务回单及相关资料填制记账凭证。

（4）出纳登记银行日记账，会计登记财务费用多栏式明细账。

任务77 提取现金备用

1. 任务描述

【系统业务10】2019年11月1日，提取现金备用，开具现金支票。

2. 任务目标

掌握开具现金支票提现备用的流程及账务处理。

3. 任务过程

（1）出纳根据支票申请单填写现金支票。

（2）会计主管对现金支票进行审核盖章，传递回出纳。

（3）出纳将支票存根剪下，带着支票到银行办理业务（办理此业务时候需要有人陪同出纳到银行一起办理）。

（4）银行柜员收到提现支票并进行审核，按照支票金额取出款项进行清点（用点钞机正反各清单一次，再用手工清点），数额无误后交到企业出纳，并打印一张银行业务回单作为记账依据。

（5）会计根据支票存根及相关资料做账。

（6）填完之后交由会计主管审核传递。

（7）出纳登记银行存款日记账及库存现金日记账。

（8）练习系统业务31、85、132、175。

开具支票流程如图2-18所示。

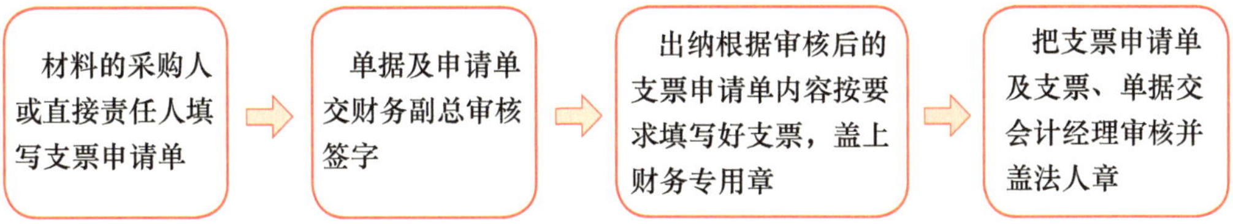

图 2-18 开具支票流程

实训过程

此业务由A同学扮演出纳和银行柜员，B同学扮演会计，C同学扮演会计主管。演示视频见视频2-2。

视频 2-2 提取现金备用业务

（1）企业到银行提取现金的基本流程：

企业出纳人员将已填写正确且审核无误的现金支票传递至银行，把支票交给银行柜员。银行柜员核实企业预留章后，核对出纳信息与原件是否相符并录入信息，输入密码，提示“取款成功”后系统将资料自动传递至会计岗位。

注意

真实企业办理现金提取业务时除了出纳还需要有企业内部另外一个人员一起陪同到银行办理现金提取业务。

（2）企业到银行提取现金的具体步骤：

第一步：填写现金支票。

1）出纳拿着支票申请书及相关资料请财务副总审核签字。财务副总接过申请书及资料进行审核，审核无误后在支票申请书中签字确认。

2）出纳根据支票申请单填写好现金支票并盖上财务专用章。

3）出纳将填写好的现金支票、支票申请单和相关资料传递至会计主管，会计主管接过单据进行审核并盖上法人章后传递至出纳。

4）出纳沿虚线将支票存根剪下留记账用并将支票传递至银行系统。

第二步：银行柜员登录系统进行业务处理。

登录系统后，在工作台选择【现金取款业务】，进入办理页面审阅资料并录入信息（资料审核后才可以查看资料；如资料有误则退回，不

注意

（1）提现时，支票背面的附加信息栏内须填写出纳的姓名及身份证号码。

（2）支票背面被背书人处要盖企业财务专用章和法人章。

（3）在填制支票的时候，盖银行预留章的财务专用章；在审核支票的时候，需要先盖银行预留章的企业法人章，再进行审核。

予办理），如图2-19所示。输入密码（123456）后，提示“取款成功”并将资料传递至会计。

第三步：会计根据资料填制记账凭证。

会计填制完记账凭证后传递至会计主管，会计主管进行审核。出纳根据传递的记账凭证登记库存现金日记账及银行存款日记账。

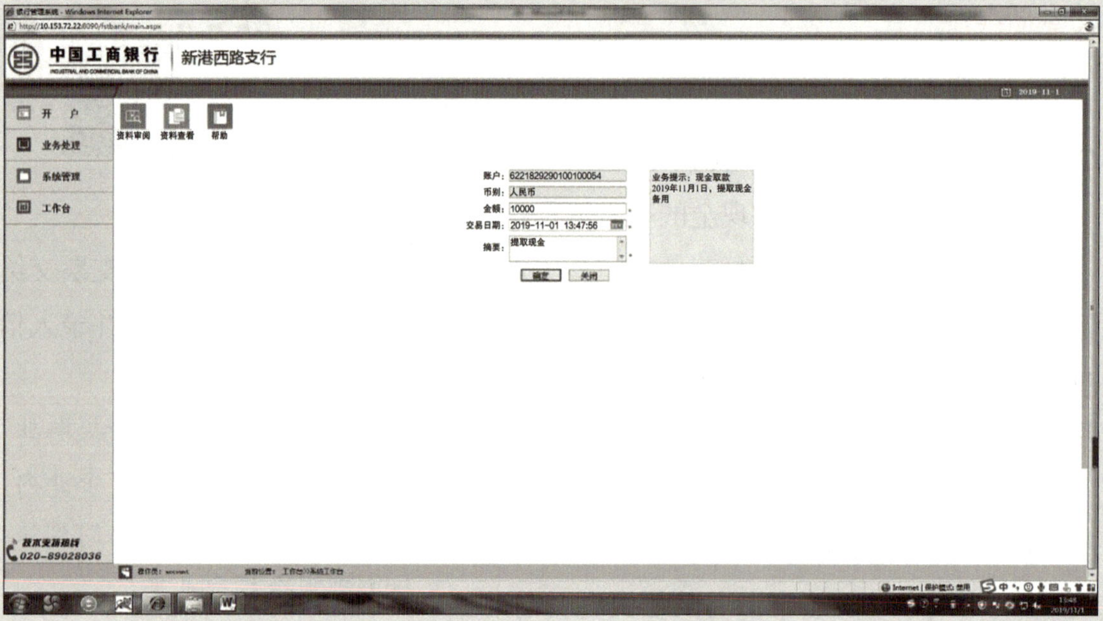

图 2-19 银行柜员录入信息

任务78 订购水

1. 任务描述

【系统业务22】2019年11月2日，向广州市景甜饮料有限公司订购饮水，通过网上银行转账支付。

2. 任务目标

掌握支付相关费用的账务处理。

3. 任务过程

本任务过程请参照任务28。

注意

（1）该业务要根据饮用水领用明细表分配费用。

（2）会计取得增值税专用发票后，要先登录电子申报管理系统完成认证，再根据增值税专用发票等原始凭证填制记账凭证。

（3）网上银行转账的业务都需要通过网上银行系统进行汇款处理，这样业务回单才会传递至会计填制记账凭证页面作为资料。

任务79 收到礼金

1. 任务描述

【系统业务34】2019年11月4日，开业庆典收到礼金。

2. 任务目标

掌握收到礼金的账务处理。

3. 任务过程

（1）由相关人员记录核对并填写清单，出纳进行盘点核对。

（2）会计根据礼金清单填制记账凭证。

（3）会计主管审核会计填制的记账凭证。

（4）出纳填写库存现金日记账，会计登记相关明细账。

任务80 将收到礼金送存银行

1. 任务描述

【系统业务35】2019年11月4日，将收到礼金送存银行，填制现金存款凭条。

2. 任务目标

掌握将现金送存银行的流程及账务处理。

3. 任务过程

（1）出纳根据存入现金情况填写现金存款凭条。

（2）会计主管审核无误后传至出纳，出纳传至银行处理。

（3）银行进行业务处理，核对现金存款凭条登记金额与收到金额是否一致（用点钞机正反各点一遍，再手工清点一遍），核对无误打印出银行业务回单给企业作为记账依据，并在现金存款凭条处盖上已受理的章并将企业留存联退回企业。

（4）会计根据银行业务回单填制记账凭证。

（5）会计主管审核会计填制的记账凭证。

（6）出纳要登记银行存款日记账及库存现金日记账。

实训过程

此业务由A同学扮演出纳和银行柜员；B同学扮演会计；C同学扮演会计主管。

（1）企业到银行送存现金的基本流程：

企业出纳人员从本企业保险柜把超出限额的现金取出，并清点核对。然后持取出现金到银行，根据存入现金填写好现金存款凭条，把现金与单据交给银行柜员。银行柜员先按照客户现金存款凭条上填写的缴款金额清点现金，清点无误后在现金存款凭条上盖上核算专用章，然后在银行系统做好业务记录并把现金存款凭条客户联交给客户。

（2）企业到银行送存现金的具体步骤：

1）出纳登录财务处理系统，填写现金存款凭条传递至会计主管，会计主管审核无误后传递至出纳，出纳传递至银行。

2）银行柜员登录银行系统，选择【工作台】→【现金存款办理】，在录入信息页面选择日期并单击【确定】。存款成功后，系统将自动把银行业务回单传递至财务处理系统的会计岗位。

3）会计登录财务处理系统会计岗位，根据银行业务回单填制记账凭证。

4）会计主管审核会计填制记账凭证。

5）出纳登记银行日记账及库存现金日记账。

任务81 借支购买办公用品

1. 任务描述

【系统业务23】2019年11月2日，销售采购部陈铁勇借支购买电子天平、打印纸、传真纸、笔记本、笔、茶叶等，编制记账凭证。

2. 任务目标

掌握借支购买办公用品的基本流程及账务处理。

3. 任务过程

（1）会计根据借支单等相关资料填制记账凭证。

（2）会计主管审核会计填制的记账凭证。

（3）出纳登记库存现金日记账，会计登记相关明细账。

借支购买办公用品的办理流程如图2-20所示。

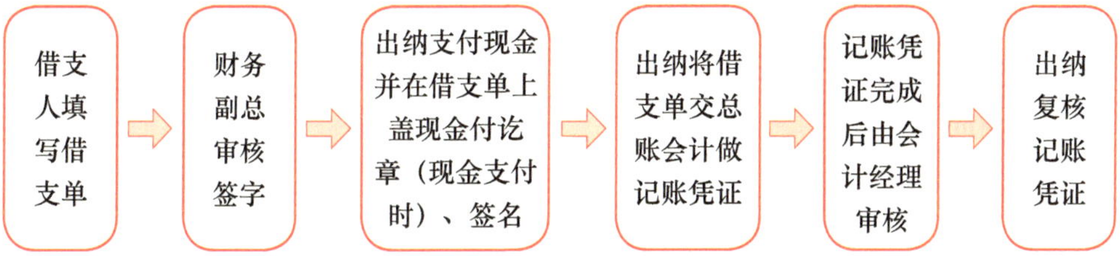

图 2-20　借支购买办公用品的办理流程

任务82　借支支付培训费

1. 任务描述

【系统业务27】2019年11月2日，财务部会计陈鹏借支支付税控机使用培训费，以现金支付。

2. 任务过程

本任务过程请参照任务81。

任务83　借支举办开业典礼

1. 任务描述

【系统业务30】2019年11月3日，行政部周燕丽借支举办开业典礼，网上银行转账支付。

2. 任务目标

掌握借支购买物品的基本流程及网银转账业务的账务处理。

3. 任务过程

本任务过程请参照任务81。

注意

网上银行转账的业务都需要通过网上银行系统进行汇款处理，这样业务回单才会传递至会计填制记账凭证页面作为资料。

任务84　借支购买组装工具

1. 任务描述

【系统业务42】2019年11月5日，销售采购部郭芳借支购买组装工具。

2. 任务过程

本任务过程请参照任务81。

任务85 借支差旅费

1. 任务描述

【系统业务40】2019年11月4日，总经办王大为借支差旅费去北京参加钟表论坛。

2. 任务目标

掌握借支差旅费的基本流程。

3. 任务过程

本任务过程请参照任务81。练习系统业务57、101、116。

任务86 报销差旅费

1. 任务描述

【系统业务53】2019年11月7日，总经办王大为到北京参加钟表论坛归来报销差旅费。

2. 任务目标

掌握报销差旅费的基本流程和账务处理。

3. 任务过程

（1）员工出差归来根据公司报销要求填写差旅费报销单。

（2）本业务存在出差人需要退回款项，出纳收到退回款项开具收款收据作为凭证。

（3）会计主管审核相关单据及收款收据。

注意

该业务与系统业务40为关联业务。

（4）会计根据住宿发票、差旅费报销单、高铁票、出租车发票、收据和借支单复印件等填制记账凭证。

（5）会计主管审核会计填制的记账凭证。

（6）出纳需要填写库存现金日记账，会计登记相关明细账。

（7）练习系统业务82、122、130。

任务87 盘点库存现金

1. 任务描述

【系统业务75】2019年11月12日，盘点库存现金。

2. 任务目标

掌握盘点库存现金的账务处理。

3. 任务过程

（1）出纳进行盘点并登记现金盘点表，发现盘盈、盘亏需要进行上报处理。

（2）会计根据库存现金盘点表填制记账凭证（需填写未查明盘盈、盘亏的原因）。

（3）会计主管审核会计填制的记账凭证。

（4）出纳填写库存现金日记账，会计登记相关明细账。

任务88 处理盘盈现金

1. 任务描述

【系统业务107】2019年11月17日，处理12日盘盈库存现金。

2. 任务目标

掌握处理盘盈现金的账务处理。

> **注意**
>
> 系统业务107与系统业务75是关联业务。

3. 任务过程

（1）上级根据出纳报告的盘盈情况进行调查并形成报告。

（2）会计根据盘盈现金处理报告填制记账凭证。

（3）会计主管审核会计填制的记账凭证。

（4）会计登记相关明细账。

任务89 网上购买机票

1. 任务描述

【系统业务99】2019年11月16日，网上购买生产部设计人员邓朴遥到欧洲瑞士出差的往返机票。

2. 任务目标

掌握因公出差而预先支付差旅费的账务处理。

> **注意**
>
> 网上银行转账的业务都需要通过网上银行系统进行汇款处理，这样业务回单才会传递至会计填制记账凭证页面作为资料。

3. 任务过程

（1）因公出差国外人员由企业代订机票并按照企业相关规定写好说明文件，由上级签字审批，由相关人员进行网上购票并由出纳及会计主管进行网银付款。

（2）会计根据因公出差审批书、网上银行转账回单、资金申请单填制记账凭证（用其他应收款核算）。

（3）会计主管审核会计填制的记账凭证。

（4）出纳填写银行存款日记账，会计登记相关明细账。

任务90 收到退回押金

1. 任务描述

【系统业务100】2019年11月16日，收到广州市锐捷租赁有限公司退回租用车辆的押金1 800元，以现金退回。

2. 任务目标

掌握收到退回押金的账务处理。

3. 任务过程

（1）出纳根据以现金退回的押金开具收款收据，并加盖财务专用章和现金收讫章。

（2）会计主管审核凭证并将记账联传递给会计做账。

（3）会计根据收款收据填制记账凭证。

（4）会计主管审核会计填制的记账凭证。

（5）出纳填写库存现金日记账，会计登记相关明细账。

任务91 缴纳社保费用

1. 任务描述

【系统业务133】2019年11月23日，缴纳社保费用，银行代扣。

2. 任务目标

掌握银行代扣社保费用的账务处理。

3. 任务过程

（1）会计根据银行批扣回单填制记账凭证。

（2）会计主管审核会计填制的记账凭证。

（3）出纳登记银行存款日记账，会计登记相关明细账。

任务92 缴纳住房公积金

1. 任务描述

【系统业务134】2019年11月23日，缴纳住房公积金，银行代扣。

2. 任务目标

掌握企业为员工缴纳住房公积金的账务处理。

3. 任务过程

（1）采用支票缴纳住房公积金，出纳填写支票。

（2）会计主管审核支票并盖法人章，交回出纳。

（3）出纳将支票交予相关经办人，经办人将支票与汇缴书交房管局。

（4）会计根据住房公积金汇缴书填制记账凭证。

（5）会计主管审核会计填制的记账凭证。

（6）出纳登记银行存款日记账，会计登记相关明细账。

任务93 计提坏账准备

1. 任务描述

【系统业务159】2019年11月30日，计提坏账准备。

2. 任务目标

掌握计提坏账准备的账务处理。

3. 任务过程

（1）会计填写坏账准备计算表。

（2）会计主管审核计算表无误再传递回会计填制记账凭证。

（3）会计根据坏账准备计算表填制记账凭证。

（4）会计主管审核会计填写的记账凭证。

（5）会计登记相关明细账。

实训七 成本税费计算业务

成本税费计算业务实训资料，见表2-11。

表 2-11 成本税费计算业务实训资料

任务	系统业务
94	系统业务154 计提工资
95	系统业务155 计提社保
96	系统业务156 计提公积金
97	系统业务157 分配电费
98	系统业务158 分配本月水费
99	系统业务161 摊销本月领用周转材料成本
100	系统业务153 摊销本月厂房租金
101	系统业务162 分配制造费用
102	系统业务163 计算电镀车间领用原材料成本
103	系统业务164 计算电镀车间产品成本并转入加工车间
104	系统业务165 计算加工车间领用材料成本
105	系统业务166 计算加工车间产品成本
106	系统业务167 计算组装车间领用自制表盘成本
107	系统业务168 计算组装车间领用周转材料成本
108	系统业务169 计算组装车间领用原材料成本
109	系统业务170 计算组装车间产品成本
110	系统业务171 结转销售成本
111	系统业务160 计算个人代扣代缴费用
112	系统业务172 计算本月应缴增值税
113	系统业务173 计算本月应缴消费税
114	系统业务174 计算本月应缴城建税、教育费附加
115	系统业务176 计算本月应缴印花税

任务94 计提工资

1. 任务描述

【系统业务154】2019年11月30日，计提本月工资。

2. 任务目标

掌握计提工资的账务处理。

3. 任务过程

（1）会计根据人事部门核算的工资明细填写工资汇总表、各个车间工人工资分配表。

（2）会计主管审核工资汇总表、各个车间工人工资分配表无误再传递回会计填制记账凭证。

（3）会计根据工资汇总表、各个车间工人工资分配表填制记账凭证。

（4）会计主管审核会计填写的记账凭证。

（5）会计登记相关明细账。

任务95 计提社保

1. 任务描述

【系统业务155】2019年11月30日，计提社保。

2. 任务目标

掌握计提社保的账务处理。

3. 任务过程

本任务过程请参照任务94。

任务96 计提公积金

1. 任务描述

【系统业务156】2019年11月30日，计提本月公积金。

2. 任务目标

掌握计提公积金的账务处理。

3. 任务过程

本任务过程请参照任务94。

任务97 分配电费

1. 任务描述

【系统业务157】2019年11月30日，分配本月电费。

2. 任务目标

掌握分配电费的账务处理。

3. 任务过程

（1）会计填写电费分配表。

（2）会计主管审核分配表无误后传递到会计做账。

（3）会计根据分配表填制记账凭证。

（4）会计主管审核会计填制的记账凭证。

（5）会计登记相关明细账。

任务98 分配本月水费

1. 任务描述

【系统业务158】2019年11月30日，分配本月水费。

2. 任务目标

掌握分配水费的账务处理。

3. 任务过程

本任务过程请参照任务97。

任务99 摊销本月领用周转材料成本

1. 任务描述

【系统业务161】2019年11月30日，摊销本月领用周转材料（低值易耗品）成本。

2. 任务目标

掌握摊销领用周转材料成本的账务处理。

3. 任务过程

（1）会计填写周转材料成本摊销表。

（2）会计主管审核周转材料成本摊销表无误再传递回会计填制记账凭证。

（3）会计根据开办费用摊销表填制记账凭证。

（4）会计主管审核会计填写的记账凭证。

（5）会计登记相关明细账。

任务100 摊销本月厂房租金

1. 任务描述

【系统业务153】2019年11月30日，摊销本月厂房租金。

2. 任务目标

掌握摊销本月厂房租金的账务处理。

3. 任务过程

本任务过程请参照任务99。

任务101 分配制造费用

1. 任务描述

【系统业务162】2019年11月30日，分配本月制造费用。

2. 任务目标

掌握分配制造费用的账务处理。

3. 任务过程

本任务过程请参照任务98。

任务102 计算电镀车间领用原材料成本

1. 任务描述

【系统业务163】2019年11月30日，计算本月电镀车间领用原材料成本。

2. 任务目标

掌握计算原材料成本的账务处理。

3. 任务过程

（1）会计填写发出原材料成本计算表和产品耗用材料成本计算表。

（2）会计主管审核原材料成本计算表和产品耗用材料成本计算表无误并交会计记账。

（3）会计根据这两张表填制记账凭证。

（4）会计主管审核会计填制的记账凭证。

（5）会计登记相关明细账。

任务103 计算电镀车间产品成本并转入加工车间

1. 任务描述

【系统业务164】2019年11月30日，计算电镀车间产品成本并转入加工车间。

2. 任务目标

掌握如何计算电镀车间产品成本并转入加工车间及其账务处理。

3. 任务过程

本任务过程请参照任务102。

任务104 计算加工车间领用材料成本

1. 任务描述

【系统业务165】2019年11月30日，计算本月加工车间领用材料成本。

2. 任务目标

掌握如何计算加工车间领用材料成本及账务处理。

3. 任务过程

本任务过程请参照任务102。

任务105 计算加工车间产品成本

1. 任务描述

【系统业务166】2019年11月30日，计算本月加工车间产品成本。

2. 任务目标

掌握如何计算加工车间产品成本及账务处理。

3. 任务过程

本任务过程请参照任务102。

任务106 计算组装车间领用自制表盘成本

1. 任务描述

【系统业务167】2019年11月30日，计算本月组装车间领用自制表盘成本。

2. 任务目标

掌握如何计算组装车间领用自制表盘成本及账务处理。

3. 任务过程

本任务过程请参照任务102。

任务107 计算组装车间领用周转材料成本

1. 任务描述

【系统业务168】2019年11月30日，计算组装车间领用周转材料（包装物）成本。

2. 任务目标

掌握如何计算组装车间领用周转材料成本及账务处理。

3. 任务过程

本任务过程请参照任务102。

任务108 计算组装车间领用原材料成本

1. 任务描述

【系统业务169】2019年11月30日，计算本月组装车间领用原材料成本。

2. 任务目标

掌握如何计算组装车间领用原材料成本及账务处理。

3. 任务过程

本任务过程请参照任务102。

任务109 计算组装车间产品成本

1. 任务描述

【系统业务170】2019年11月30日，计算本月组装车间产品成本。

2. 任务目标

掌握如何计算组装车间产品成本及账务处理。

3. 任务过程

本任务过程请参照任务102。

任务110 结转销售成本

1. 任务描述

【系统业务171】2019年11月30日，结转本月销售成本。

2. 任务目标

掌握如何结转销售成本及账务处理。

3. 任务过程

本任务过程请参照任务102。

任务111 计算个人代扣代缴费用

1. 任务描述

【系统业务160】2019年11月30日，计算个人代扣代缴费用。

2. 任务目标

掌握计算个人代扣代缴费用的账务处理和自然人税收管理系统扣缴操作。

3. 任务过程

（1）会计进入自然人税收管理系统扣缴客户端，选择税款所属月份，对人员信息进行采集。采集方式有两种：第一种是添加，根据业务查看进行新增；第二种是导入，选择对应的导入数据进行导入。

（2）会计将采集的人员信息报送至税务局。

（3）税务局验证人员信息采集表。

（4）会计获取税务局验证结果。

（5）会计进行个人所得税专项附加扣除信息采集表的填写和报送（人员信息采集报送成功的人员的专项附加扣除信息可通过【下载更新】进行信息更新）。

（6）税务局审核专项附加扣除信息。

（7）会计获取税务局审核结果。

（8）会计填写（或导入）综合所得预扣预缴表、分类所得申报和非居民所得申报，并进行税款计算（附表填写、分类所得申报和非居民所得申报暂未设置业务）。

（9）会计报送综合所得预扣预缴表。

（10）会计根据工资单填制记账凭证。

（11）会计主管审核会计填制的记账凭证。

（12）会计登记相关明细账。

注意

缴纳个人代扣代缴费用过程如下：

(1)若业务为缴纳个税，税务会计单击【原始凭证审核】并选择该笔业务，单击右边的【任务描述】会提示“尚未进行个税缴纳，请到自然人税收管理系统扣缴客户端进行处理”，直接到自然人税收管理系统扣缴客户端进行人员信息和专项附加扣除信息的录入以及款项的缴纳。

（2）与“计算个人代扣代缴费用”中的过程（1）～（9）一致。

（3）会计在申报综合所得预扣预缴表后，开始缴纳税款（缴纳税款后，业务回单会传递至会计填制记账凭证页面作为资料）。

（4）会计根据银行回单等填制记账凭证。

（5）会计主管审核会计填制的记账凭证。

（6）会计登记相关明细账。

实训过程

登录自然人税收管理系统扣缴客户端，如图2-21所示。

录入人员信息和专项附加扣除信息，如图2-22和图3-23所示，可采取手工录入方式或导入数据。

税务柜员进入税务管理系统，选择【税务管理】→【个人所得税】，之后分别选择【个人所得税人员信息采集表】和【个人所得税专项附加扣除信息采集表】，验证人员信息采集表和审核专项附加扣除信息。

专项附加扣除信息的录入，必须在录入人员信息之后进行，否则在录入专项附加扣除信息的时候会显示“暂无人员可填写”。

税务局柜员选择【税务管理】→【个人所得税】→【个人所得税人员信息采集表】，发送验证结果，如图2-24所示；之后选择【税务管理】→【个人所得税】→【个人所得税专项附加扣除信息采集表】，选择月份，审核个人所得税专项附加扣除信息采集，如图2-25所示。

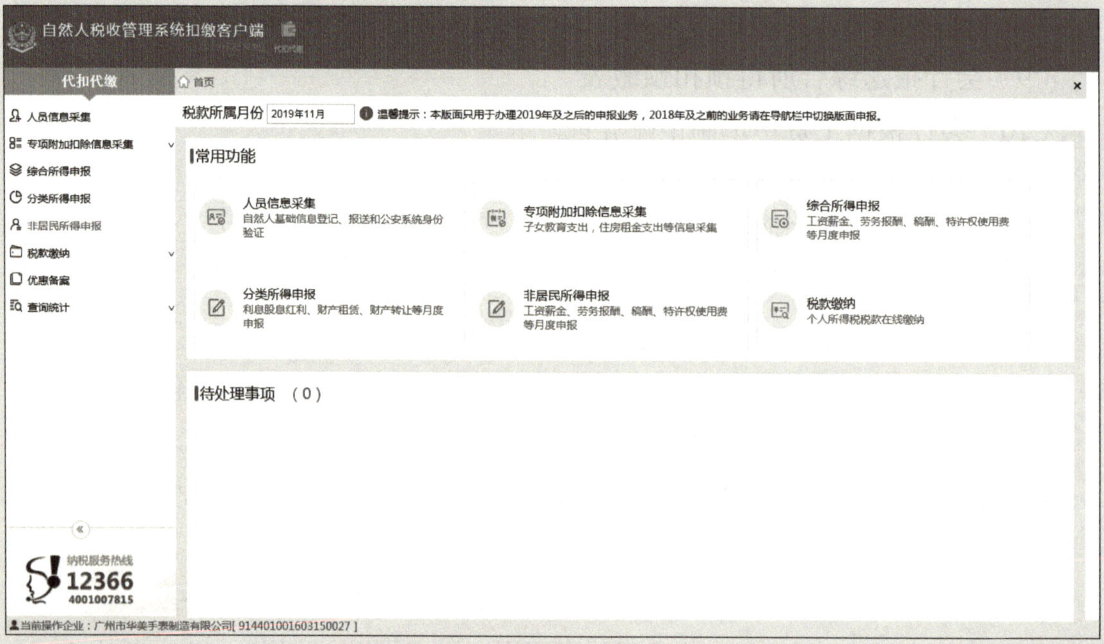

图 2-21 自然人税收管理系统扣缴客户端

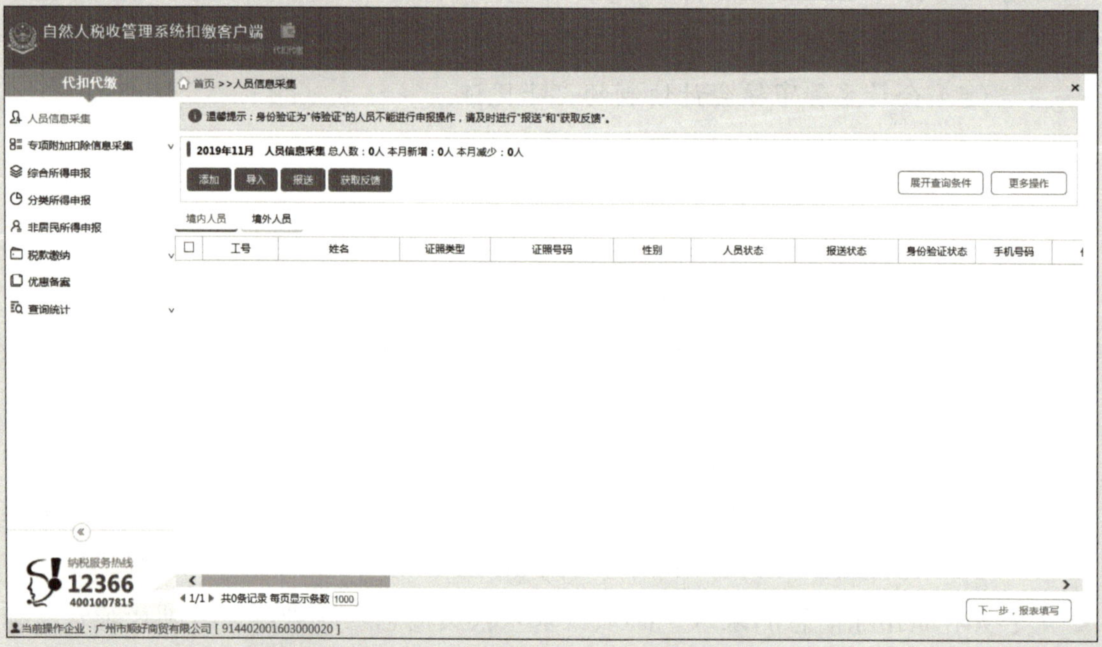

图 2-22 录入人员信息

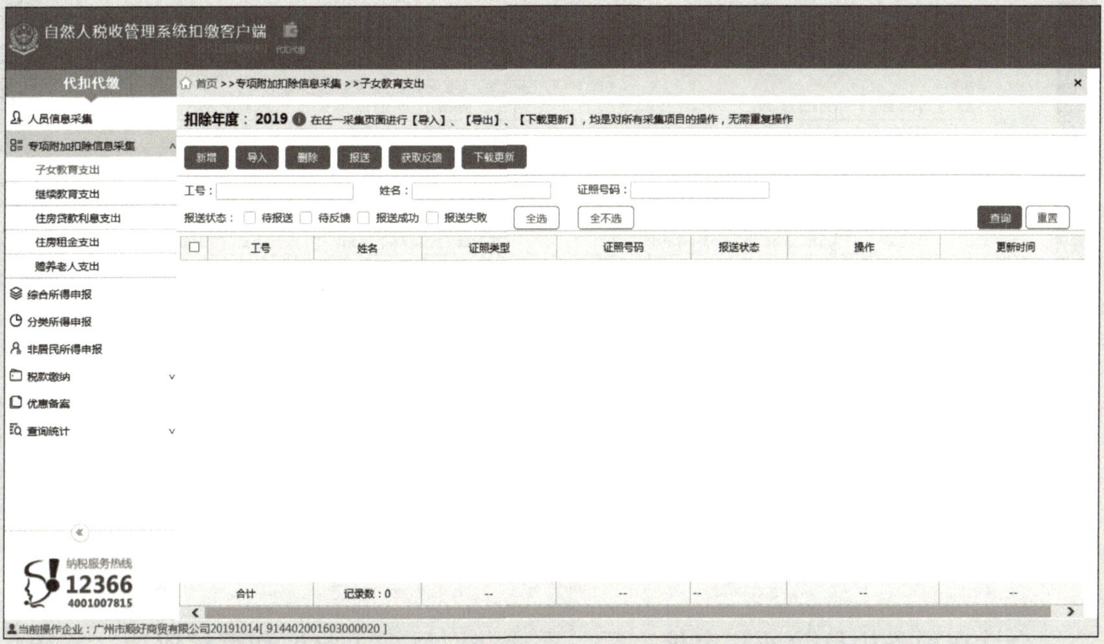

图 2-23　录入专项附加扣除信息

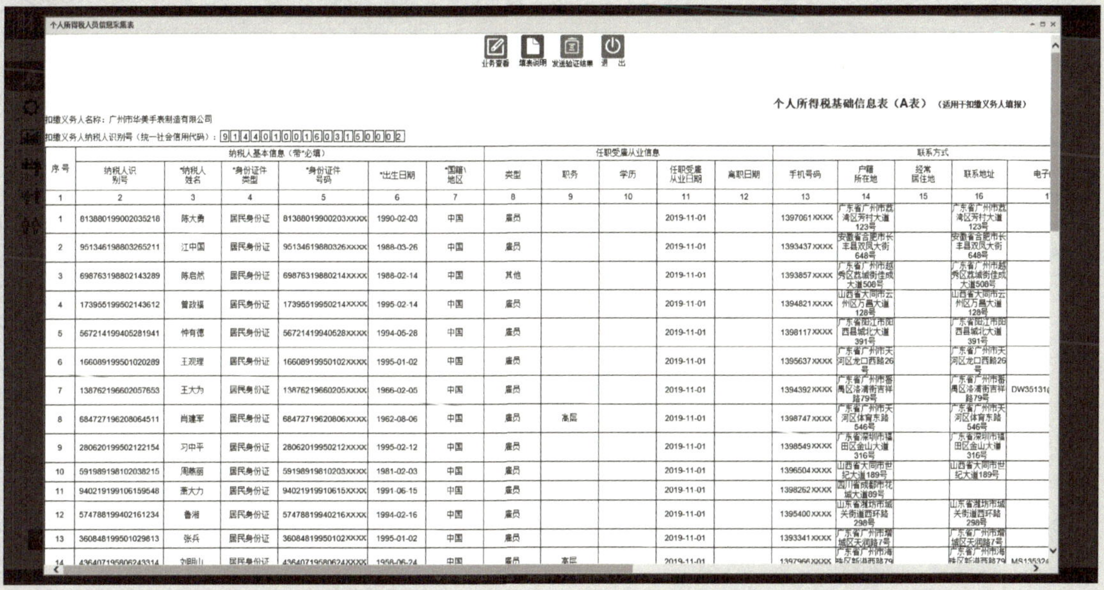

图 2-24　个人所得税基础信息表（A 表）

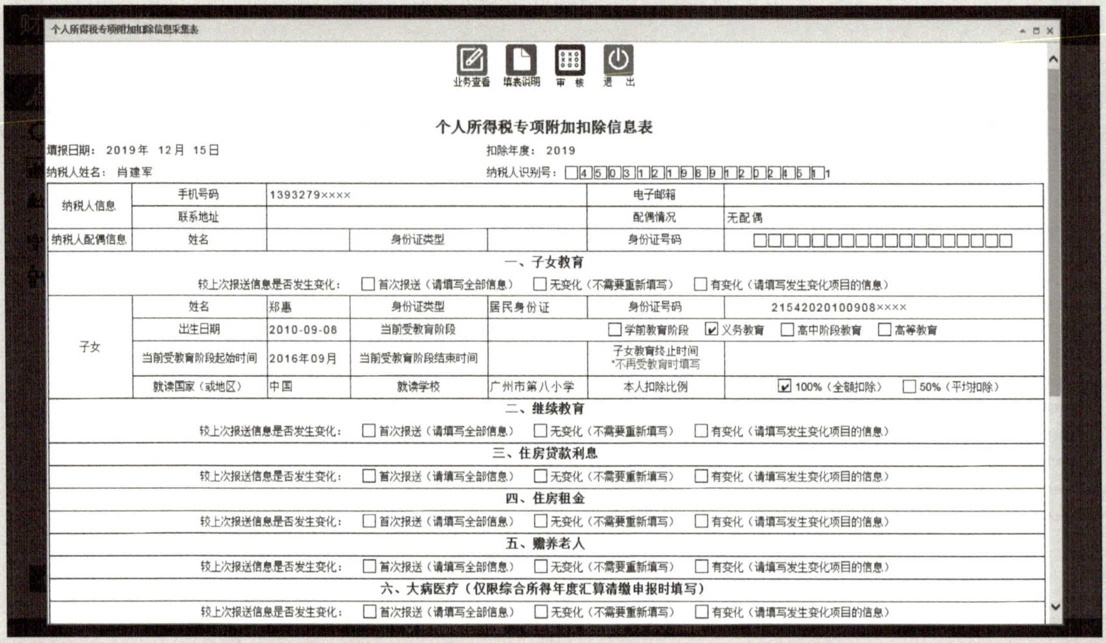

个人所得税专项附加扣除信息采集表

业务查看 填表说明 审 核 退 出

个人所得税专项附加扣除信息表

填报日期：2019年 12月 15日　　扣除年度：2019

纳税人姓名：肖建军　　纳税人识别号：45031219891202451 1

纳税人信息	手机号码	1393279××××		电子邮箱	
	联系地址			配偶情况	无配偶
纳税人配偶信息	姓名		身份证类型	身份证号码	
一、子女教育					
较上次报送信息是否发生变化：☐首次报送（请填写全部信息） ☐无变化（不需要重新填写） ☐有变化（请填写发生变化项目的信息）					
子女	姓名	郑惠	身份证类型	居民身份证	身份证号码 21542020100908××××
	出生日期	2010-09-08	当前受教育阶段		☐学前教育阶段 ☑义务教育 ☐高中阶段教育 ☐高等教育
	当前受教育阶段起始时间	2016年09月	当前受教育阶段结束时间		子女教育终止时间 *不再受教育时填写
	就读国家（或地区）	中国	就读学校	广州市第八小学	本人扣除比例 ☑100%（全额扣除） ☐50%（平均扣除）
二、继续教育					
较上次报送信息是否发生变化：☐首次报送（请填写全部信息） ☐无变化（不需要重新填写） ☐有变化（请填写发生变化项目的信息）					
三、住房贷款利息					
较上次报送信息是否发生变化：☐首次报送（请填写全部信息） ☐无变化（不需要重新填写） ☐有变化（请填写发生变化项目的信息）					
四、住房租金					
较上次报送信息是否发生变化：☐首次报送（请填写全部信息） ☐无变化（不需要重新填写） ☐有变化（请填写发生变化项目的信息）					
五、赡养老人					
较上次报送信息是否发生变化：☐首次报送（请填写全部信息） ☐无变化（不需要重新填写） ☐有变化（请填写发生变化项目的信息）					
六、大病医疗（仅限综合所得年度汇算清缴申报时填写）					
较上次报送信息是否发生变化：☐首次报送（请填写全部信息） ☐无变化（不需要重新填写） ☐有变化（请填写发生变化项目的信息）					

图 2-25　个人所得税专项附加扣除信息表

会计在税务柜员验证和审核完后，需要获取反馈（验证和审核成功，报送状态由“未报送”变为“报送成功”；税务局尚未验证时，身份验证状态由“待验证”变为“验证中”），如图2-26所示。

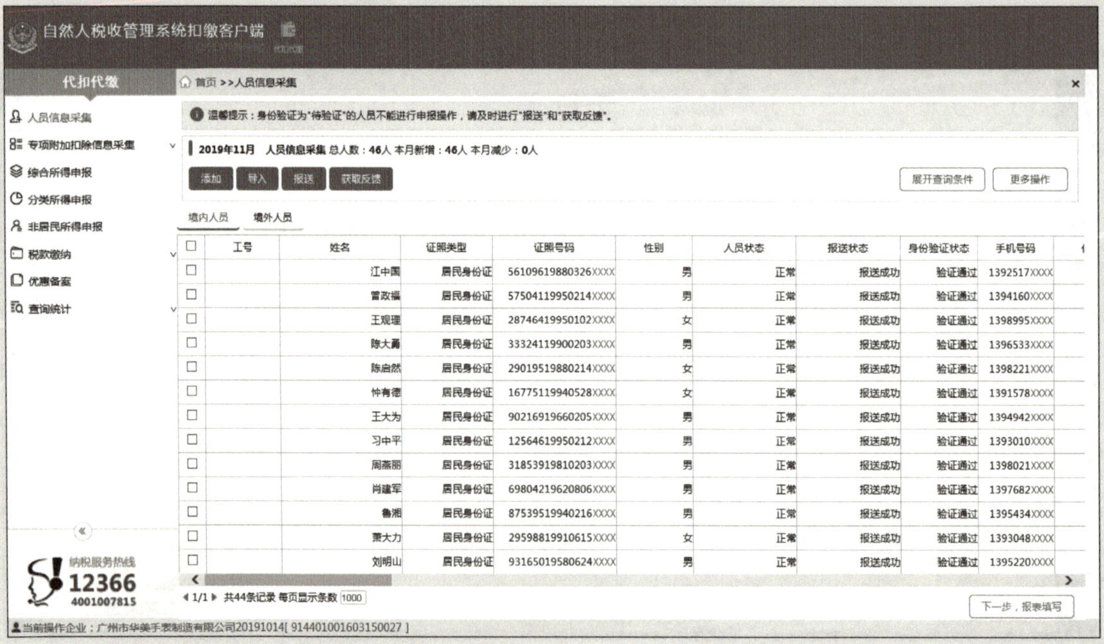

自然人税收管理系统扣缴客户端

代扣代缴：人员信息采集　专项附加扣除信息采集　综合所得申报　分类所得申报　非居民所得申报　税款缴纳　优惠备案　查询统计

首页 >>人员信息采集

温馨提示：身份验证为"待验证"的人员不能进行申报操作，请及时进行"报送"和"获取反馈"。

2019年11月　人员信息采集 总人数：46人 本月新增：46人 本月减少：0人

添加　导入　报送　获取反馈　　展开查询条件　更多操作

境内人员　境外人员

工号	姓名	证照类型	证照号码	性别	人员状态	报送状态	身份验证状态	手机号码
	江中国	居民身份证	56109619880326XXXX	男	正常	报送成功	验证通过	1392517XXXX
	曾政福	居民身份证	57504119950214XXXX	男	正常	报送成功	验证通过	1394160XXXX
	王观理	居民身份证	28746419950102XXXX	女	正常	报送成功	验证通过	1398995XXXX
	陈大勇	居民身份证	33324119900203XXXX	男	正常	报送成功	验证通过	1396533XXXX
	陈启然	居民身份证	29019519880214XXXX	女	正常	报送成功	验证通过	1398221XXXX
	帅有德	居民身份证	16775119940528XXXX	女	正常	报送成功	验证通过	1391578XXXX
	王大为	居民身份证	90216919660205XXXX	男	正常	报送成功	验证通过	1394942XXXX
	习中平	居民身份证	12564619950212XXXX	男	正常	报送成功	验证通过	1393010XXXX
	周燕丽	居民身份证	31853919810203XXXX	男	正常	报送成功	验证通过	1398021XXXX
	肖建军	居民身份证	69804219620806XXXX	男	正常	报送成功	验证通过	1397682XXXX
	鲁湘	居民身份证	87539519940216XXXX	男	正常	报送成功	验证通过	1395434XXXX
	萧大力	居民身份证	29598819910615XXXX	女	正常	报送成功	验证通过	1393048XXXX
	刘明山	居民身份证	93165019580624XXXX	男	正常	报送成功	验证通过	1395220XXXX

1/1 共44条记录 每页显示条数 1000　　下一步，报表填写

纳税服务热线 12366 4001007815

当前操作企业：广州市华美手表制造有限公司20191014[914401001603150027]

图 2-26　获取反馈

填写（或导入）综合所得预扣预缴表、分类所得申报和非居民所得申报，并进行税款计算和申报表报送，如图2-27所示。

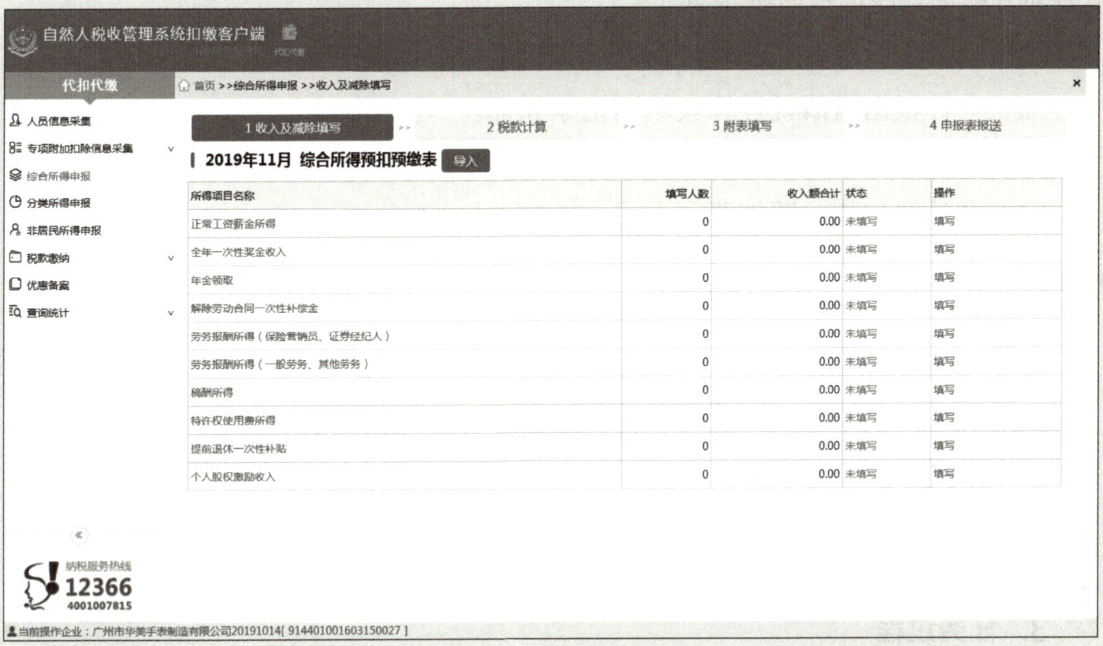

图 2-27　申报表报送

注意

（1）在“原始凭证审核”页面，无须传递该笔业务，直接到自然人税收管理系统扣缴客户端进行处理。

（2）如需更正申报，进入财务处理系统，选择【会计】→【原始凭证审核】，找到该笔业务生成的单据，审核并传递。退回该笔业务后，回到自然人税收管理系统扣缴客户端进行更正申报，重新缴纳款项即可。更正后，本次缴纳金额大于上次缴纳金额的，需补缴，补缴的金额为本次的金额与上次缴纳的金额的差额；若本次金额少于上次缴纳金额的，无须补缴。

（3）回单以最后一次缴纳的金额为准。

任务112　计算本月应缴增值税

1. 任务描述

【系统业务172】2019年11月30日，计算本月应缴增值税。

2. 任务目标

掌握计算本月应缴增值税的账务处理。

3. 任务过程

（1）会计根据资料填列增值税计算表（亦可先到企业电子申报管理系统纳税申

报表部分根据系统生成数据填列）。

（2）会计主管审核增值税计算表，无误后交会计做账。

（3）会计根据增值税计算表填制记账凭证。

（4）会计主管审核会计填制的记账凭证。

（5）会计登记相关明细账。

任务113 计算本月应缴消费税

1. 任务描述

【系统业务173】2019年11月30日，计算本月应缴消费税。

2. 任务目标

掌握计算本月应缴消费税的账务处理。

3. 任务过程

（1）会计根据资料填列消费税计算表（亦可先到企业电子申报管理系统纳税申报表部分根据实际情况填写消费税申报表，再根据数据填列）。

（2）会计主管审核消费税计算表，无误后交会计做账。

（3）会计根据增值税计算表填制记账凭证。

（4）会计主管审核会计填制的记账凭证。

（5）会计登记相关明细账。

任务114 计算本月应缴城建税、教育费附加

1. 任务描述

【系统业务174】2019年11月30日，计算本月应缴城建税、教育费附加。

2. 任务目标

掌握计算本月应缴城建税、教育费附加的账务处理。

3. 任务过程

（1）会计根据资料填列城建税和教育费附加的计算表。

（2）会计主管审核计算表，无误交会计做账。

（3）会计根据增值税计算表填制记账凭证。

（4）会计主管审核会计填制的记账凭证。

（5）会计登记相关明细账。

任务115 计算本月应缴印花税。

1. 任务描述

【系统业务176】2019年11月30日，计算本月应缴印花税。

2. 任务目标

掌握计算本月应缴印花税的账务处理。

3. 任务过程

本任务过程请参考任务114。

实训八 经营成果业务

经营成果业务实训资料，见表2-12。

表 2-12 经营成果业务实训资料

任　务	系 统 业 务
116	系统业务6　支付人力资源公司招聘费
117	系统业务24　收到报装电话扣费单
118	系统业务28　购买税控设备
119	系统业务56　支付聘请律师顾问费
120	系统业务71　支付培训费
121	系统业务89　支付租车费
122	系统业务91　支付专家顾问费
123	系统业务123　支付本月物业管理费
124	系统业务143　支付名片设计及印制费用
125	系统业务144　支付宣传费
126	系统业务150　支付电话费
127	系统业务152　摊销开办费
128	系统业务177　结转损益
129	系统业务178　计提所得税费用
130	系统业务179　结转所得税费用

任务116 支付人力资源公司招聘费

1. 任务描述

【系统业务6】2019年11月1日，行政部周燕丽报销支付给广州市南方人才招聘有限公司招聘费，网上银行转账支付。

2. 任务目标

掌握支付相关费用的账务处理。

3. 任务过程

（1）出纳传递汇款申请书给会计主管，会计主管审核无误后传递至出纳，出纳传递至网上银行系统。登录网上银行系统，输入汇款信息进行汇款处理。

（2）会计主管以管理员的身份登录网上银行处理审批汇款指令，如图2-28所示。

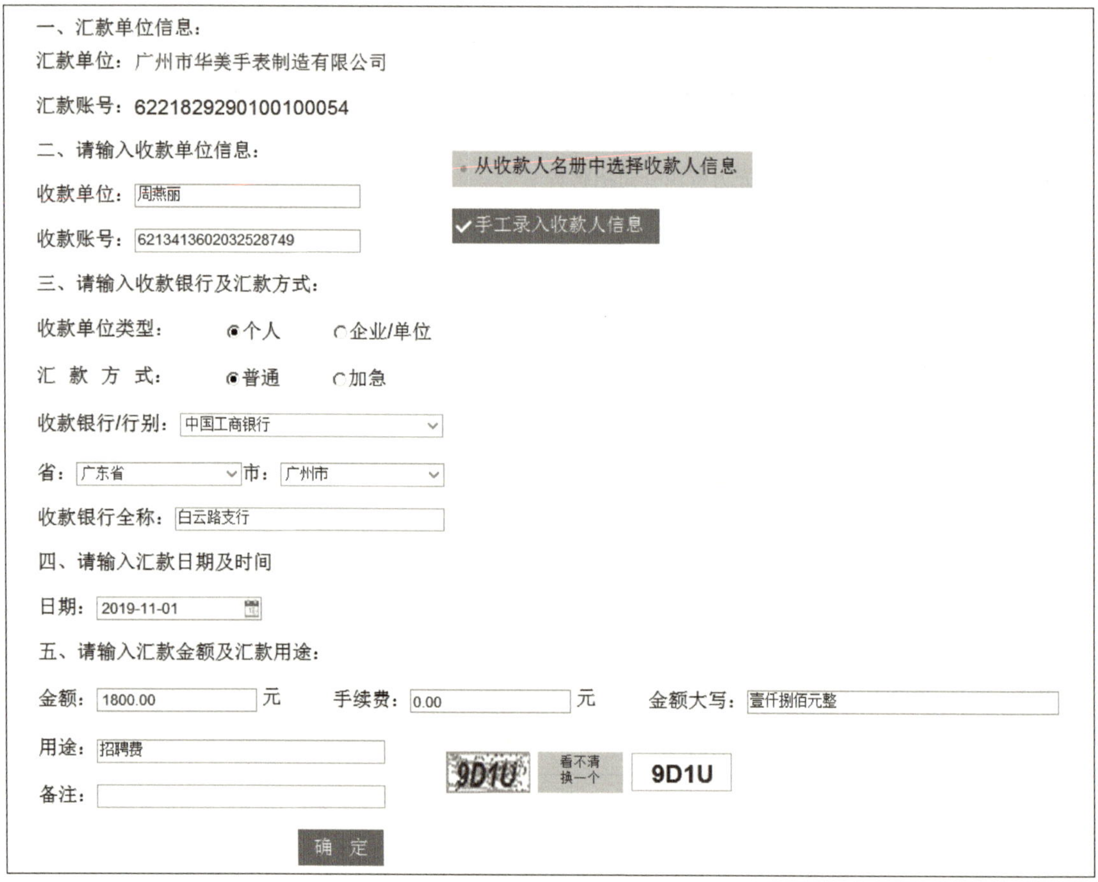

图 2-28 填写汇款信息

（3）网银扣款成功，会计审核其余外来凭证并编制记账凭证。

（4）填完之后交由会计主管审核传递。

（5）出纳登记银行存款日记账，会计登记相关明细账。

4. 注意事项

网上银行转账的业务都需要通过网上银行系统进行汇款处理，这样业务回单才会传递至会计填制记账凭证页面作为资料。

任务117 收到报装电话扣费单

1. 任务描述

【系统业务24】2019年11月2日，收到电信局报装电话扣费单。

2. 任务目标

掌握日常扣费业务的账务处理。

3. 任务过程

（1）会计审核收到的扣款单及发票并填制记账凭证。

（2）会计主管审核会计填制的记账凭证。

（3）出纳登记银行存款日记账，会计登记相关明细账。

任务118 购买税控设备

1. 任务描述

【系统业务28】2019年11月2日，购买税控设备，以网上银行转账支付。

2. 任务目标

掌握网银转账支付购买物品的账务处理。

3. 任务过程

（1）出纳及会计主管根据汇款申请单进行网银汇款操作（操作参照任务2）。

（2）会计根据增值税专用发票、资金申请单和网上银行转账回单填制记账凭证。

（3）会计主管审核会计填制的记账凭证。

（4）出纳填写库存现金日记账，会计登记相关明细账。

注意

网上银行转账的业务都需要通过网上银行系统进行汇款处理，这样业务回单才会传递至会计填制记账凭证页面作为资料。

任务119 支付聘请律师顾问费

1. 任务描述

【系统业务56】2019年11月8日，通过网上银行转账支付聘请律师顾问费。

2. 任务目标

掌握网上银行转账支付费用的账务处理。

3. 任务过程

本任务过程请参照任务116。

4. 注意事项

（1）会计拿到增值税专用发票后，要先登录电子申报管理系统完成认证，再根据增值税专用发票等原始凭证填制记账凭证。

（2）网上银行转账的业务都需要通过网上银行系统进行汇款处理，这样业务回单才会传递至会计填制记账凭证页面作为资料。

任务120 支付培训费

1. 任务描述

【系统业务71】2019年11月11日，请中大教师来进行管理培训，支付培训费，网上银行转账支付。

2. 任务目标

掌握网上银行转账支付培训费的账务处理。

3. 任务过程

本任务过程请参照任务116。

> **注意**
>
> 网上银行转账的业务都需要通过网上银行系统进行汇款处理，这样业务回单才会传递至会计填制记账凭证页面作为资料。

任务121 支付租车费

1. 任务描述

【系统业务89】2019年11月14日，行政部左咏枚因接待客户需要支付租用汽车费用。

2. 任务目标

掌握支付押金的账务处理。

3. 任务过程

本任务过程请参照任务3。

4. 注意事项

会计拿到增值税专用发票后，要先登录电子申报管理系统完成认证，再根据增值税专用发票等原始凭证填制记账凭证。

任务122 支付专家顾问费

1. 任务描述

【系统业务91】2019年11月15日，聘请专家进行安全生产技术指导，以网上银行转账支付顾问费用。

2. 任务目标

掌握网上银行转账支付顾问费的账务处理。

3. 任务过程

本任务过程请参照任务116。

注意

网上银行转账的业务都需要通过网上银行系统进行汇款处理，这样业务回单才会传递至会计填制记账凭证页面作为资料。

任务123 支付本月物业管理费

1. 任务描述

【系统业务123】2019年11月20日，网银转账支付本月物业管理费。

2. 任务目标

掌握网银支付物业管理费的账务处理。

3. 任务过程

本任务过程请参照任务116。

任务124 支付名片设计及印制费用

1. 任务描述

【系统业务143】2019年11月25日，网银转账支付设计及印制经理名片费用。

2. 任务过程

本任务过程请参照任务116。

任务125 支付宣传费

1. 任务描述

【系统业务144】2019年11月26日，网银转账支付产品宣传彩页的设计和制作费。

2. 任务过程

本任务过程请参照任务119。

任务126 支付电话费

1. 任务描述

【系统业务150】2019年11月30日，支付电话费。

2. 任务目标

掌握支付电话费的账务处理。

3. 任务过程

本任务过程请参照任务42。

注意

缴费内容为电话费，数量为 4 000，单价为 0.19 元，税率为 9%。

任务127 摊销开办费

1. 任务描述

【系统业务152】2019年11月30日，根据财务制度规定摊销开办费。

2. 任务目标

掌握摊销开办费的账务处理。

3. 任务过程

（1）会计填写开办费用摊销表。

（2）会计主管审核计算表无误后再传递回会计填制记账凭证。

（3）会计根据开办费用摊销表填制记账凭证。

（4）会计主管审核会计填写的记账凭证。

（5）会计登记相关明细账。

任务128 结转损益

1. 任务描述

【系统业务177】2019年11月30日，结转损益。

2. 任务目标

掌握月末损益结转的账务处理。

3. 任务过程

学生根据提供的多栏账资料结转本月的损益。

任务129 计提所得税费用

1. 任务描述

【系统业务178】2019年11月30日计提本月所得税费用。

2. 任务目标

掌握所得税的计算及计提所得税费用的账务处理。

3. 任务过程

学生根据本月的利润总额计算本月所得税费用并编制计提所得税费用的分录。

任务130 结转所得税费用

1. 任务描述

【系统业务179】2019年11月30日，结转所得税费用。

2. 任务目标

掌握结转所得税费用的账务处理。

3. 任务过程

学生将计提的所得费用结转到本年利润。

实训九　编制科目汇总表

实训内容

编制科目汇总表

实训目标

1. 了解会计主管岗位的账簿权限
2. 掌握编制科目汇总表的操作流程

实训过程

第一步：了解账簿权限。

在【办公区】选择【会计主管】岗位进入对应的工作区页面，单击页面上方【账簿】按钮，进入到账簿列表页面（见图2-29），在账簿列表中选中【科目汇总表】和【总账】进行登记。

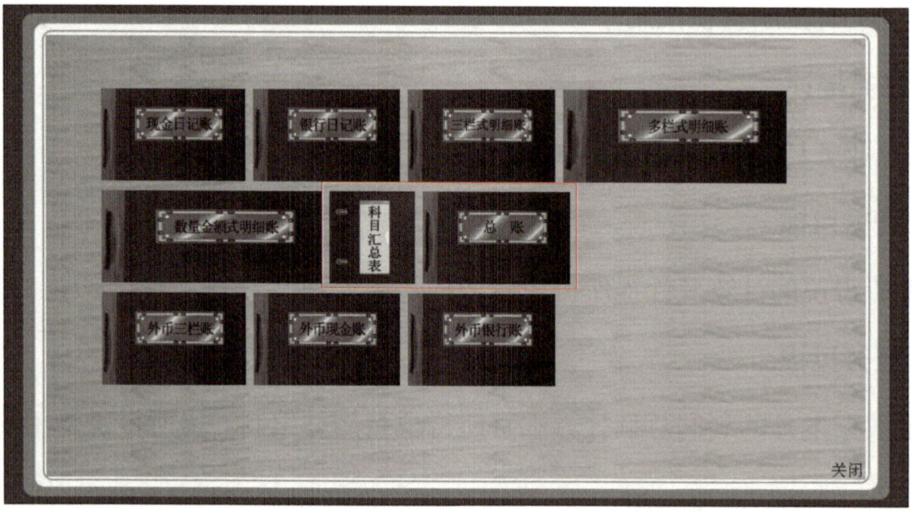

图 2-29　账簿列表

注意

只有具备浏览权限的会计主管岗位学生可以浏览现金日记账、银行日记账、三栏式明细账、多栏式明细账、数量金额式明细账（其他岗位学生对不属于自己填写的账簿只有浏览权限）。

单击相应的账簿，会弹出“您只有浏览权限”提醒，如图2-30所示。

图 2-30　浏览权限提醒

会计主管只有权限登记科目汇总表、总账，当学生有权限登记对应账簿时，如会计主管岗位的学生单击【总账】，会进入“选择总账”页面，如图2-31所示。

图 2-31　选择总账

第二步：编制科目汇总表。

在【办公区】选择【会计主管】岗位进入对应的工作区页面，单击页面上方【账簿】按钮，进入到账簿列表，在账簿列表中单击【科目汇总表】，如图2-32所示。

图 2-32　选择科目汇总表

单击【科目汇总表】，进入科目汇总表编制页面，如图2-33所示。

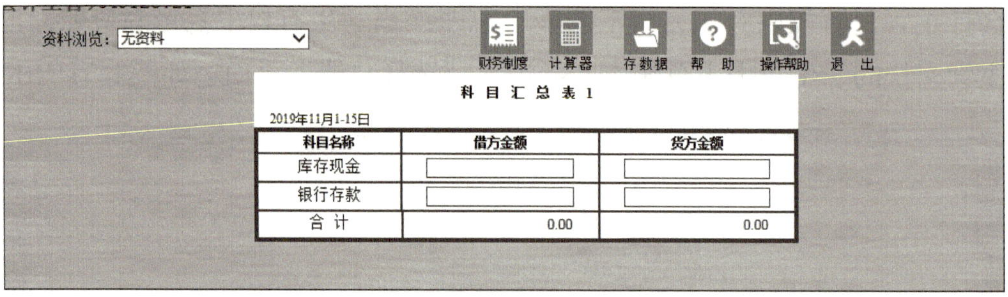

图 2-33　科目汇总表编制页面

科目汇总表中显示的科目为总账需要登记的会计科目，单击将要填写科目对应的填写框，然后单击【请选择资料】，显示的资料为涉及该科目的所有相关岗位完成传递审核的记账凭证。根据单据资料编制完科目汇总表后，单击【存数据】，完成科目汇总表的编制操作。

实训十　登记总账

实训内容

登记总账

实训目标

重点掌握总账的登记流程

实训过程

完成科目汇总表的编制后才可以进行总账的登记，以“总账——1602累计折旧”为例，当会计主管岗位的学生进入到“选择总账”页面时，单击【1602累计折旧】，进入“登记总账”页面，如图2-34和图2-35所示。

单击【请选择资料】，可以查看与填写该账簿的相关资料，单击资料上方的【关闭】按钮，关闭资料查看（资料主要为期初余额和科目汇总表）。

单击【划线】，出现【线型选择框】，根据账簿需要，选择相应类型，在账簿需要划线的地方自动划线；再次单击【划线】可清除已划的线。

单击【黑笔】，录入金额时字体为黑色，表示正数金额。

单击【红笔】，录入金额时字体为红色，表示负数金额。

根据记账凭证资料填入总账，一页填完可转次页，单击【上一页】【下一页】即可。登记完的总账如图2-36所示。

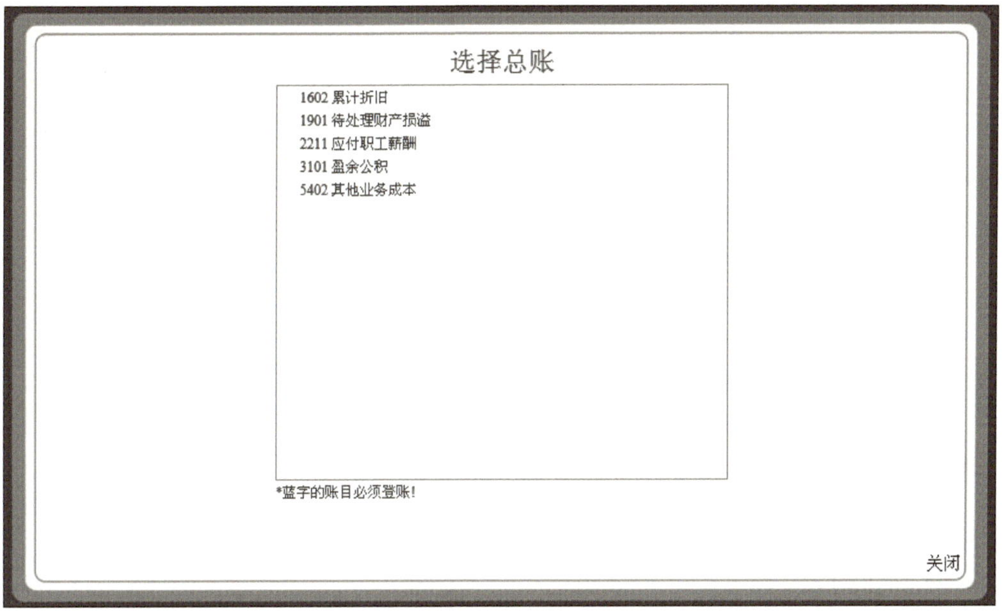

图 2-34　选择总账

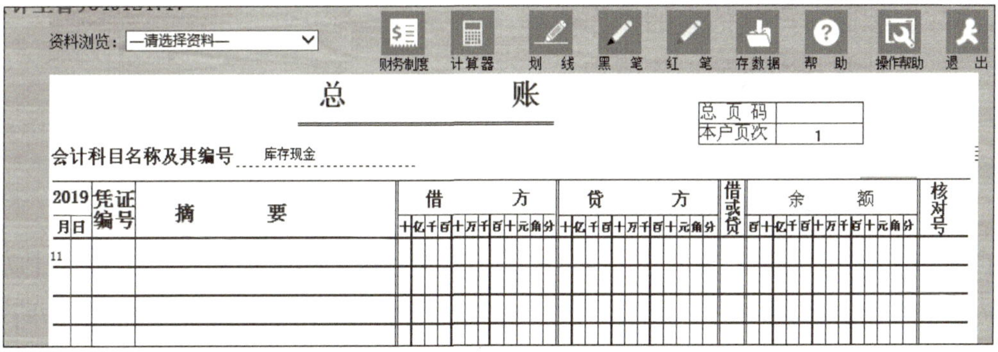

图 2-35　登记总账页面

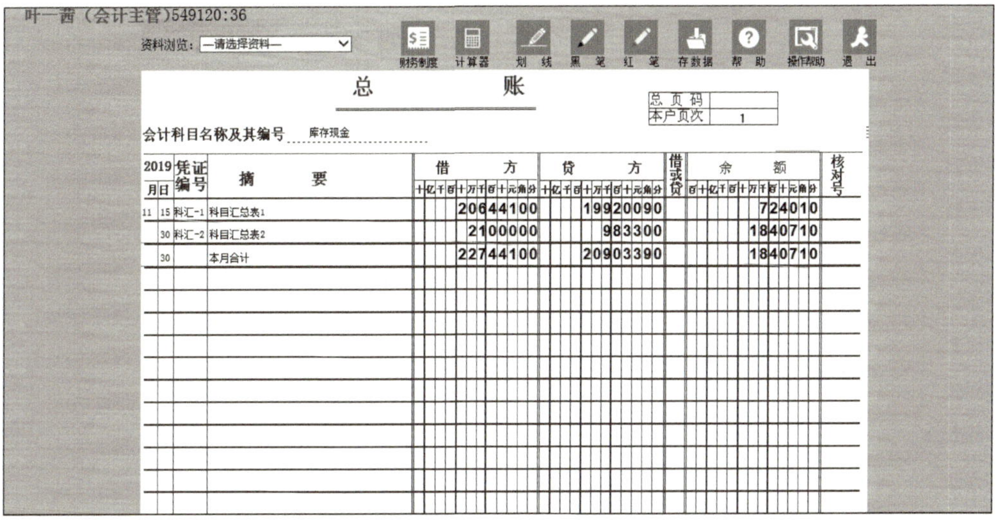

图 2-36　总账登记完成

注意

1. 查看账簿时，必须由相应的岗位先建账，其他岗位才可查看。

2. 登账时，不是所有的账目都必须登账，但是蓝字账目必须登账。根据期初余额和科目汇总表完成账簿登记后，单击【存数据】，完成“总账——库存现金”的登记操作。按照同样方法完成其他科目的总账登记。

实训十一　编制报表

实训内容

1. 编制资产负债表
2. 编制利润表

实训目标

1. 掌握编制资产负债表的操作流程
2. 掌握编制利润表的操作流程

实训过程

第一步：了解报表权限。

在【办公区】选择【会计主管】岗位进入对应的工作区页面，单击页面上方【报表】按钮，在报表列表中选中【资产负债表】和【利润表】进行编制，如图2-37所示。

图 2-37　报表列表

非会计主管岗位学生对财务报表只有浏览权限，非会计主管岗位学生单击相关财务报表时，会弹出“您只有浏览权限”提醒，如图2-38所示。

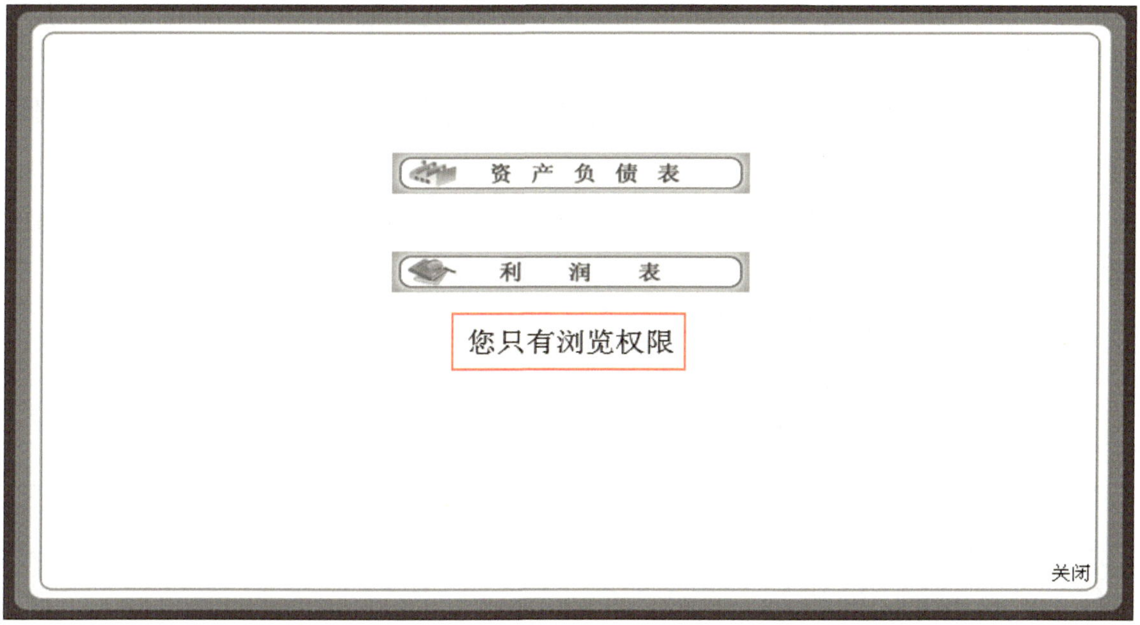

图 2-38 浏览权限提醒

第二步：编制资产负债表。

以编制资产负债表为例，当会计主管岗位的学生单击【资产负债表】，会进入“资产负债表”编制页面，如图2-39所示。

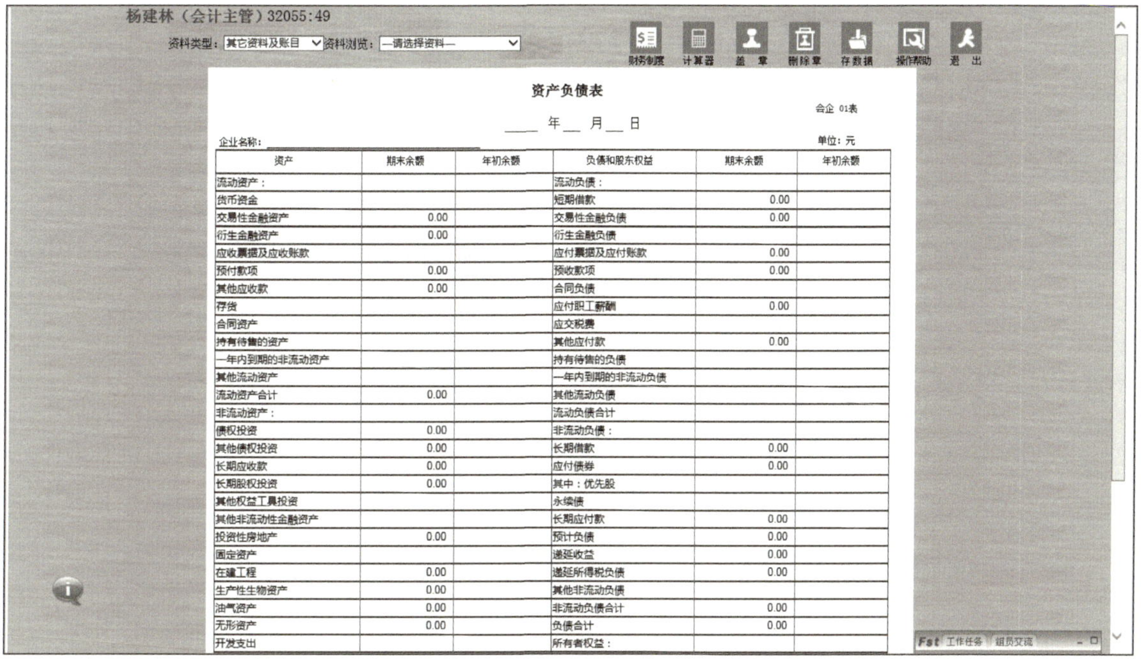

资产负债表

会企 01表

____ 年__ 月__ 日

企业名称：________ 单位：元

资产	期末余额	年初余额	负债和股东权益	期末余额	年初余额
流动资产：			流动负债：		
货币资金			短期借款	0.00	
交易性金融资产	0.00		交易性金融负债	0.00	
衍生金融资产	0.00		衍生金融负债		
应收票据及应收账款			应付票据及应付账款	0.00	
预付款项	0.00		预收款项	0.00	
其他应收款	0.00		合同负债		
存货			应付职工薪酬	0.00	
合同资产			应交税费		
持有待售的资产			其他应付款	0.00	
一年内到期的非流动资产			持有待售的负债		
其他流动资产			一年内到期的非流动负债		
流动资产合计	0.00		其他流动负债		
非流动资产：			流动负债合计		
债权投资	0.00		非流动负债：		
其他债权投资	0.00		长期借款	0.00	
长期应收款	0.00		应付债券	0.00	
长期股权投资	0.00		其中：优先股		
其他权益工具投资			永续债		
其他非流动性金融资产			长期应付款	0.00	
投资性房地产	0.00		预计负债	0.00	
固定资产			递延收益	0.00	
在建工程	0.00		递延所得税负债	0.00	
生产性生物资产	0.00		其他非流动负债		
油气资产	0.00		非流动负债合计	0.00	
无形资产	0.00		负债合计	0.00	
开发支出			所有者权益：		

图 2-39 “资产负债表”编制页面

单击【其他资料及账目】，可以选择总账、三栏式明细账、外币三栏账、外币现金账、其他资料及账目等。

单击【请选择资料】，可以查看相关数据信息，单击资料上方的【关闭】按钮，关闭资料查看。

单击【财务制度】，显示财务制度说明，单击右上角的【关闭】按钮，关闭相应窗口。

单击【计算器】，弹出计算器，用户可以根据需要使用计算器来计算要填写的数据，单击计算器右上角的【关闭】按钮关闭计算器。

单击【存数据】，保存数据。

单击【退出】，退出资产负债表编制页面。

根据上述方法，完成利润表的编制操作；利润表编制页面如图2-40所示。

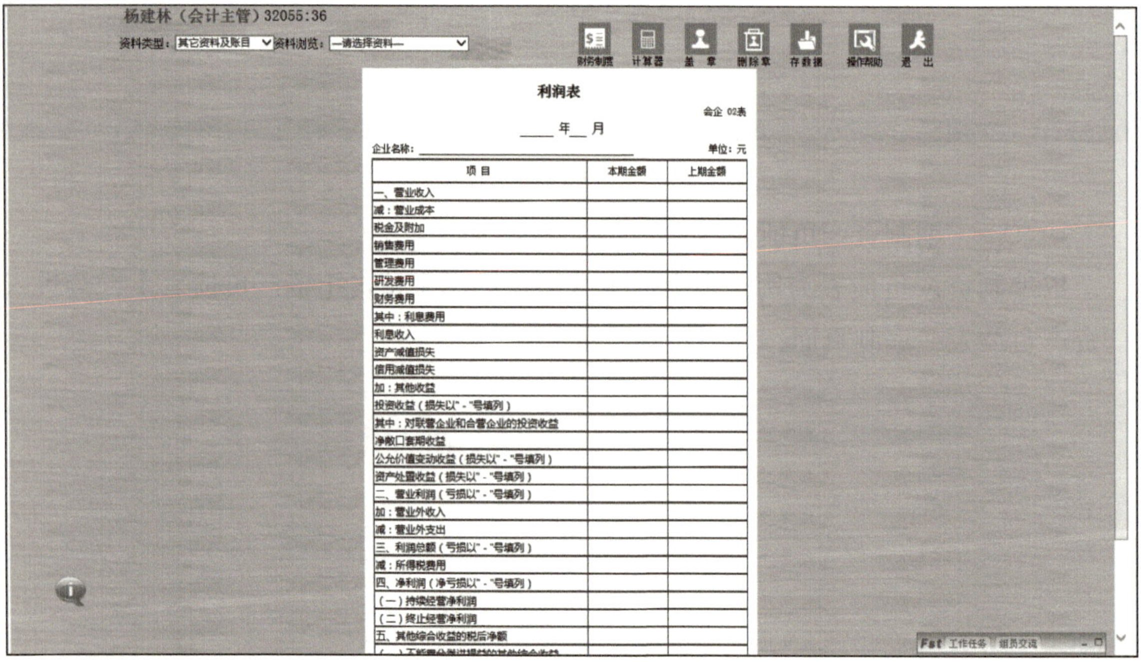

图 2-40　利润表编制页面

实训十二　纳税申报

实训内容

增值税及消费税报税

实训目标

掌握申报文件上传及网络直接报送两种申报方式

实训过程

会计登录电子申报管理系统企业端进行纳税申报，具体流程如图2-41所示。

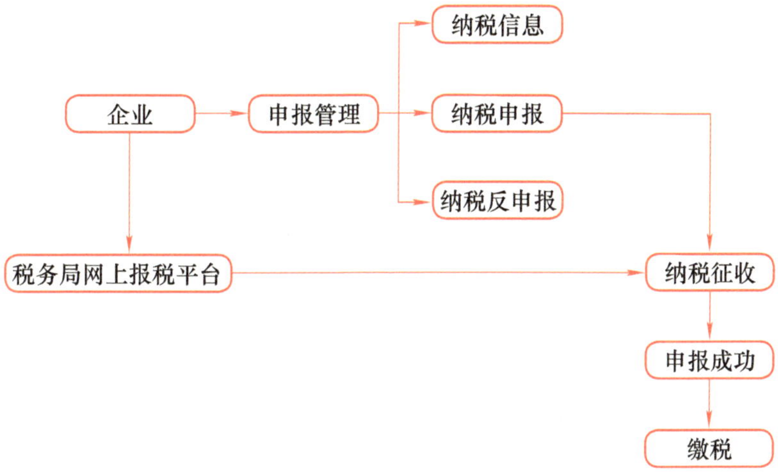

图 2-41　纳税申报流程

企业可以设置申报方式，可分为申报文件上传及网络直接报送。

（1）申报文件上传。

税务会计登录电子申报管理系统，选择【增值税（一般纳税人）】→【申报管理】，将需要填写的附列资料进行填写，填写并审核完成后，单击【生成申报盘】，之后导出申报文件完成申报。

税务会计登录税务局网上申报平台，选择【申报征收】→【进入申报】，导入从电子申报管理系统导出的申报文件进行扣税处理。

（2）网络直接报送。

注意

详细操作参照用户手册第十三章财务处理系统—增值税一般纳税人申报。

税务会计登录电子申报管理系统，选择【增值税（一般纳税人）】，录入销项发票管理和进项发票管理的发票，并认证进项发票，单击【增值税（一般纳税人）】→【报表填写】进行一键生成，单击【申报管理】→【网上申报】，选择数据并发送报表。选择【申报管理】→【税款缴纳】，进入税务局网上申报平台的“清缴税款”页面。单击【扣税】完成扣税。

其他税种的报税处理须登录税务局网上申报平台进行，以印花税为例，选择【印花税】→【进入申报】，选择申报月份，单击【进入申报】→【业务查看】，根据计算表填写纳税申报表。填写完成后，单击【保存】→【申报】，在申报成功页面单击【扣税】，提示扣税成功即可。如图2-42所示。

序号	征收项目	征收品目	税款所属期起	税款所属期止	申报期限	申报日期	操作
1	增值税(适用于一般纳税人)		2019-11-01	2019-11-30	2019-12-15		进入申报
2	消费税	其它	2019-11-01	2019-11-30	2019-12-15		进入申报
3	附加税（费）申报		2019-11-01	2019-11-30	2019-12-15		进入申报
4	个人所得税		2019-11-01	2019-11-30	2019-12-15		进入申报
5	资源税		2019-11-01	2019-11-30	2019-12-10		进入申报
6	土地增值税		2019-11-01	2019-11-30	2019-12-15		进入申报
7	城镇土地使用税		2019-11-01	2019-11-30	2019-12-15		进入申报
8	房产税		2019-11-01	2019-11-30	2019-12-15		进入申报
9	印花税		2019-11-01	2019-11-30	2019-12-15		进入申报
10	耕地占用税		2019-11-01	2019-11-30	2019-12-15		进入申报
11	烟叶税		2019-11-01	2019-11-30	2019-12-15		进入申报
12	契税		2019-11-01	2019-11-30	2019-12-10		进入申报

财务报表报送

序号	财务、会计制度	资料报送制度	报送所属期起	报送所属期止	报送期限	报送状态	操作
当前没有数据							

图 2-42　税务局网上申报平台

Appendix 附录

综合实训——商贸企业的筹建及经营业务处理（广州市顺好商贸有限公司）

1. 商贸企业（广州市顺好商贸有限公司）约50笔业务（其中包含了银行业务、开票业务、税费计算、成本计算业务等）待处理。

商贸企业涉及缴纳个税的业务处理，该业务处理可参考任务160，商贸企业只能手动输入人员信息。

注意

人员信息采集和专项附加扣除信息采集月份选择【2019年1月】，税款所属期选择【2019年10月】。

2. 商贸企业（广州市顺好商贸有限公司）的筹建期数据为一键生成企业数据。

第一步：学生进入主页，选择案例，选择商贸企业进入，见附图1。

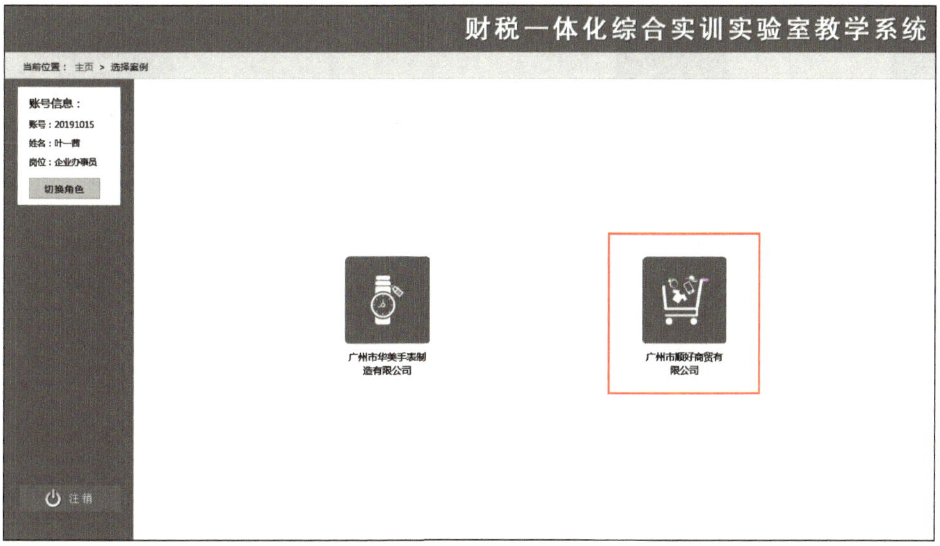

附图1　选择案例企业

第二步：单击左下角

即可一键生成企业筹建期数据，见附图2和附图3。

附图2 一键生成企业数据

附图3 完成筹建

3. 配套硬件使用时，需要到税务局重新申请税控盘，注意需要将企业的初始化日期调整为“2019/11/01”，见附图4。

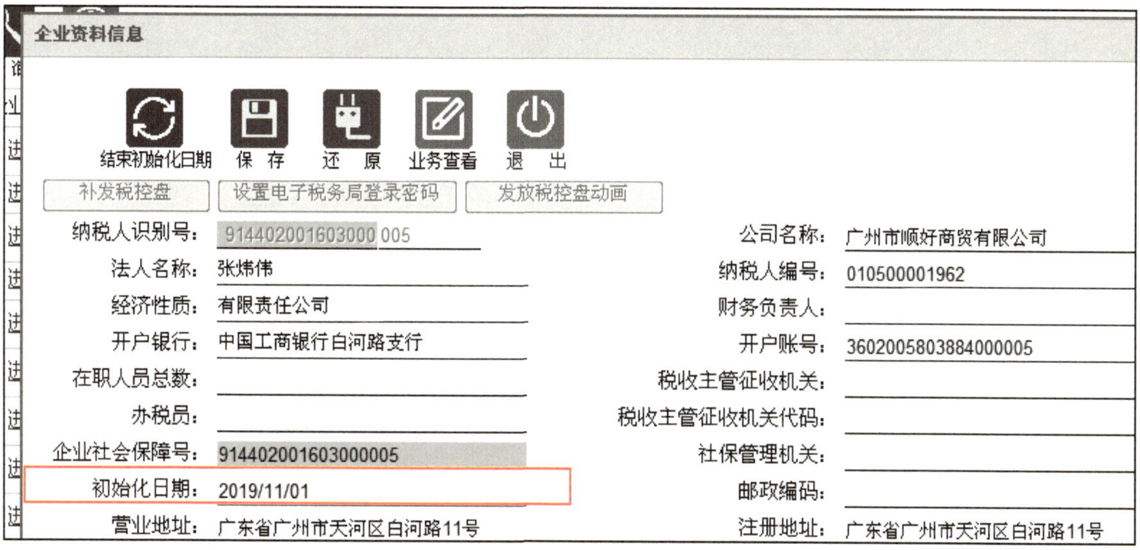

附图 4　重置税控设备初始化日期